事虽小　勿擅为

在规矩里的自由，可能因保护而更完整
如果放任自由，则可能会带来伤害

弟子规说什么

[温故知新·典藏系列]

罗大伦 —— 著

北京联合出版公司

前 言

一路有善，无所不能

现在很多幼儿园、小学，甚至一些单位，都在学习《弟子规》。可是，对于为何要学习《弟子规》，《弟子规》到底是讲什么的，很多人还心存疑虑。甚至有的家长非常抵触，认为这是封建余毒，拒绝让孩子学习。

那么，《弟子规》到底是讲什么的呢？

其实，《弟子规》讲的就是一些做人的最基本的道德要素，比如孝顺、关爱、忠诚、互助，等等。

我们教给孩子这些内容，并让他们从小就背诵，有用吗？

答案是：不但有用，而且有大用。

现在很多人讨厌道德教育，认为它虚伪、枯燥。为何会如此呢？以前我们认为人类的道德要素都是圣人制定出来教化老百姓的。其实，这个看法是大错特错的。现在国外的大量研究表明：道德要素，是人类在漫长的进化过程中进化而来的，是我们每个人的大脑中生下来就有的。圣人们教我们所做的，就是启发它、强化它而已。

那么，我们人类为什么要进化出这些道德要素呢？因为我们要生活在一起，突破血缘关系，结成更大的群体，对抗自然界的恶劣环境。这些道德要素，可以使我们减少摩擦，和谐相处。按照进化论的观点，没有进化出这些道德要素的人类，估计已经被淘汰了；而留下来成为人类的我们，每个人生下来就有这些道德要素。

美国耶鲁大学对三个月的婴儿进行测试，发现他们已经懂得讨厌"破坏"了。这说明这些没有经过教育的婴儿，已经有了朦胧的善恶观。

所以，大家看看，这种力量多么强大！它是进化的结果，也是推动我们进化的力量。

这样看，我们就能明白了，如果我们能够培养、启发孩子心中的道德要素，孩子未来就能在社会中与人和谐相处，甚至可以成为社会发展的引领者。

而国学，就是培养这些道德要素的一套工具。

　　所以，我这次讲《弟子规》，并不是简单给大家讲古代的道理，而是贯穿东西方，用心理学的原理来阐述《弟子规》的内在含义。大家阅读后，可以思考一下，你就会明白古人为何讲这些内容了。相信大家能得到新的启发。

　　这本书，严格地说并非是写给孩子的，而是写给家长的。家长如果能把其中的原理弄懂，就可以给孩子解读了。接着，需要家长自己去做，孩子耳濡目染，就会将这些原理融入到他的心灵中。

　　我相信，这样的孩子会真正成为品性优良的有用人才！

　　在这本书中，我只讲了《弟子规》里面"入则孝"部分的内容，接下来，我会陆续把《弟子规》里面的其他内容，与大家一点点分享。

罗大伦

目录

01. 从小养成与父母互动的好习惯，长大后会少吃很多亏

培养孩子的良好社会关系
要从"父母呼，应勿缓"开始 … 001

习惯决定命运 … 004

互动的好习惯，能在方方面面帮你大忙 … 006

不懂规矩的人，生活中会欺软怕硬 … 007

02. 父母的话，孩子一定要听吗

《弟子规》的真正意思是"父母规" … 011

懒都是惯出来的 … 013

勤劳，才是父母送孩子最好的礼物之一 … 015

你所做的一切，都会回报到自己身上 … 017

成功的不二法门：多为大家做事 … 019

03. 要想有大成就，做人做事离不开一个"敬"字

做什么事都要明白
"目标，为什么做，怎么做，做的结果" … 022

人生的大格局从"敬"开始 … 025

成功的人容易看到别人好处，
不幸福的人最擅长挑别人的错 … 026

在生活的各个方面，敬的态度，都可以让我们进步 … 027

从小不学会敬人敬事，长大后做什么都被人看不起 … 030

04. 人生大事，无一不是顺势而为

除了父母，没有人会无条件爱你 … 032

无论父母正确与否，都要先考虑父母的感受 … 035

对父母的批评，应该先顺着接受，不要在当时顶撞 … 036

学会顺势而为，一生从容不迫 … 039

05. 我们还剩多少体察温暖、传递温暖的能力

"冬则温，夏则凊"并不是让小孩子去暖被窝 … 041

如果你只会观察别人的"恶"，
最后一定深受"恶"害 … 046

不要奢谈感恩，感恩也是需要能力的 … 049

06. 做一个早晚问候一下父母的人

心中有对父母的爱就行了吗 … 054

把善的意愿表达给他人，
这是生活的一种能力 … 056

养成善的习惯，
生命就会少很多负能量 … 058

你怎么做，你的孩子会看在眼里，学在心里 … 064

07. 不令父母心安就是不孝

父母对我们的担心是一辈子的 … 066

活在"关爱的网络"里，
我们才可能从优秀到卓越 … 070

不会与家庭成员良好互动的人，
在社会上也会失道寡助 … 073

08. 要让父母能够随时联系到你，随时知道你的情况

父母的很多病，都是为孩子担心出来的 … 076

空间稳定的人更容易成功 … 083

把一件事做到极致就是成功 … 084

09. 成就一生积极心理的奠基石

人性的一大弱点：过分关注"大"，嫌弃"小" … 090

"成大事者，不拘小节"的说法害人不浅 … 091

做事任意妄为，势必害人害己 … 093

为什么抱孩子的人特别难打车 … 099

《弟子规》里面，其实讲的都是现代心理学的道理 … 101

10. 学会分享，你才会更幸福

人获得幸福的过程，
也是不断克服自己私欲的过程 … 104

与人分享是人生快事 … 109

自私的人，最终都是失败 … 112

与人分享并不意味着放弃一切 … 115

"不要责怪贪官" … 117

11. 你与父母的关系，决定了你事业的走向

"平静的海面上永远锻炼不出伟大的航海家" … 120

对孩子的希望，一定不要过度和方向不明 … 123

不努力成才，也是对父母的不孝 … 125

哪些事做儿女的要替老人做主 … 127

为老人养心的事情，我们是否"力为具"了 … 129

12. 适应环境的能力有多强，幸福感就有多强

从小斩断恶习，长大才有出息 … 132

人生最骄傲的事，莫过于调理好父母的身体 … 135

待人接物，随时注意不要侵犯他人利益 … 137

13. 千万别以为健康是你一个人的事

如果我们身体受伤，等于给父母平添了痛苦 … 142

一定要学会成为家人的健康保护神 … 145

14. 为什么坏德行祸害的不仅仅是你自己

你做的任何事，
都会回馈到你和你家人的身上 ⋯ 150

如果一个人在团队里肆意妄为，
结果会让大家都蒙羞 ⋯ 155

不要因为自己德行的问题，
伤害到大家赖以生存的整体 ⋯ 156

15. 能够"以德报德"的人，路会走得更远

孝道还需要教吗 ⋯ 158

每一个孝顺的人，
身上都有"神"的光彩 ⋯ 161

16. 尽量做一个"以德报怨"的人

恨孩子，主要责任在父母身上 ⋯ 165

面对负面刺激，
我们很容易学会逆来顺受 ⋯ 168

不管别人如何发出不良信息，
我们都要秉持内心的善良 ⋯ 173

17. 对一个孩子的承诺，特别要遵守

丧失什么也别丧失童心 … 181

养育孩子，是我们重新提升自己的机会 … 184

像孩子一样纯净，我们就不会活得那么累 … 187

18. 有效沟通的大智慧

不好好说话，再合理的事都不合理 … 190

语言，要像阳光、花朵、净水 … 195

19. 乐观是一种大本事

做再难的事，都要抱持愉悦的心情 … 198

快乐做事才会很快成功 … 199

20. 站多高，才能看多远

进步就是不断找到身边的榜样，然后克隆他 … 205

有效沟通的秘密：
尊重对方的观点、思想体系、人生规划 … 206

21. 只有学会养生知识,关键时刻才能救家人

别把有病的身体全部交给医生 … 216

不懂医学知识,可能伤害家人健康 … 219

医生"尝药"是为患者负责 … 221

22. 爱父母,就要时刻关注他们的身体状态

时刻关注父母的身体才能掌握重要的治疗信息和依据 … 223

疾病在一天里面,有着明显的发病规律 … 224

父母生病了,很多人都不会照顾 … 228

23. 有多少孝心,就有多少福报

对待逝去的老人,尽礼要像他们活着的时候一样 … 231

保有对亲人的感恩,莫等闲 … 233

唯有善,让我们一天天强大 … 235

后记

人生遇到困难时,看看《弟子规说什么》… 238

01

从小养成与父母互动的好习惯，长大后会少吃很多亏

培养孩子的良好社会关系
要从"父母呼，应勿缓"开始

《弟子规·入则孝》第一句话就是："父母呼，应勿缓。"

这句的字面意思是：对于父母的呼唤，做孩子的，应该立刻回应，不要让父母等待。

为什么要这样做呢？有的家长立刻提出，这种对父母的绝对服从，会不会让孩子丧失自我，会不会太严厉了？

我先给大家讲个真实的例子。曾经有位朋友，听完我的课后，请我帮助她分析她女儿的皮肤问题。那段时间我特别忙，

那天真的是挤出时间，在去她家附近办事的时候，提前打电话给她说："你也来吧，我顺便看一下。"结果这孩子来了，吓我一跳，不是她身体有什么问题，而是她的情绪不对头。这孩子上初中，脸色是铁青的，头发垂到了眼睛边缘，没有一点儿笑容。她妈妈让她和我打招呼，她嘴里只是哼了一声。在她妈妈与我寒暄的时候，她把头趴到桌子上，左右滚来滚去。最后我简单分析了一下，告诉这个孩子饮食应该注意什么（其实根源是情绪，但是我觉得以我的能力，找不到开解她的方法）。最后告别的时候，她妈妈对她说要谢谢叔叔，她眼皮都没抬，铁青着脸，一言不发，头一扭就走了。她妈妈整个过程都很尴尬，一直在对我说现在的小孩子个性特别强。

这次的事情，令我印象深刻，这种个性我首次见识。这个孩子当天的表现，可以说是连最起码的礼貌都没有。对她妈妈希望她做到的，她一样都没有做到。可能这个孩子不想来，是家长硬拖她来的，但是，自己不想做的事情，就可以如此消极地对待吗？这样的情况，长大了就会自然好转吗？说实话，我当时觉得这个孩子以后可能是难以融入社会的。如果这样进入社会，是完全不会被接纳的。

我也很清楚，这孩子不是青春期叛逆个性强，她的这种行为也不是一两天形成的，应该是贯穿整个教育时期。

再讲个成人的事情。一个硕士毕业生到了单位，有一天领导让她送一份文件给合作单位。可能这位毕业生觉得应该由比自己职位低的人去做，比如办公室打杂的，自己是硕士毕业生，干送信这个活儿太丢人，所以很不愿意去送。那么，这个硕士研究生是怎么做的呢？她领了任务，很不开心，就开始摔摔打打把东西往桌子上扔，以表达自己的不满，然后在离开时，把门"咣"的一声甩上，把经理吓得不轻。如果你碰到这么一位下属会怎么办呢？反正这位领导没有培养这个硕士毕业生的"自我""个性"，如此作为几次三番以后，立刻劝她离开了公司。

那么，这个毕业生的问题，是从什么时候开始出现的呢？仅仅是长大以后才这样的吗？我想大家都理解，应该是在家里做儿女的时候，脾气就已经形成了。

所以中国人说"三岁看大，七岁看老"，不无道理。因为，很多思维惯性，儿童时期已经奠定了。

那么，这句"父母呼，应勿缓"培养的是什么样的思维习惯呢？

大家可能会说，培养的是服从的习惯。我说，这只是表面含义，再深一层，培养的是：自己与他人一体，要互相合作的思维习惯。

在这个世界上，我们和别人是一体的。大家活在一个圈子里，你影响我，我影响你；没有人能生活在自己的圈子里，不与别人发生关系。在这样的圈子里，**别人对你如何，基本上取决于你对别人如何**。大家还别不信，这是一个互动的圈子，你发出什么样的信息，最后都会回馈到你身上。比如，你骂人，整天骂，结果如何？别人都会微笑对你？不会的，难道大家都欠着你的？所以，别人也会用不愉快的态度对你。

因此，在这样的圈子里，要想生活幸福，嘘，记住秘诀：**你必须和大家一起建立一个良性的互动关系。**

比如，当你向别人发出请求配合你工作的信息后，别人会前来配合吗？

其实，这很大程度上取决于平时别人需要你配合工作的时候，你的反应。如果平时与同事就有非常好的互动，大家感觉彼此和谐顺畅，很开心，那么，你发出请求信息的时候，别人当然也会欣然而至。

这是人世间的规律。

那么，这种良性的互动是怎样形成的呢？就要靠你平时的思维习惯。不是强迫自己这样去做的，而是习惯。你要有别人需要的时候愿意积极配合的习惯，这是思维惯性。而这个惯性，很大程度上可能来自少儿时期。

习惯决定命运

思维习惯有这么重要吗？可能国外的心理学家的实验有助于我们理解它。

心理学家是一群很有探索精神的人（嘘，小声说，甚至有些变态），他们把一群猴子放在一个铁笼子里，给猴子每小时吃二百四十个小饭团。小饭团放在一个小洞里，猴子起初需要三十秒才能取到一个，这个速度只能吃到半饱。他们每天用这样的方式喂养猴子，大家来猜猜，几个月后，发生了什么事情？

答案是：猴子熟能生巧，取食的速度越来越快，直到吃饱。

可是，这只是答案的一半，另一半答案更令人吃惊。当研究人员解剖研究这些猴子大脑的时候，发现它们负责这一行为的区域大脑皮层明显变厚。

这意味着，大脑结构的进化并不是用了几代猴子，而是短短几个月。

还有很多这样的实验，都显示一个结果，就是习惯会改变大脑结构。这就是为什么习惯就是习惯，而不是强迫自己去做的一样。反过来，这种大脑结构的改变，让你自然而然地去做，这就是习惯。

所以，大家看看，习惯有多么重要！

前几天，我转发了一个微博，写的是两个大学同学，两人同班，又一起进入同一个单位。一个处处仔细认真，一丝不苟；一个随意，完成工作就满足。若干年后，处处仔细的那个人成了一个著名品牌手机的老板，身家几十亿；另一个还在打工，每个月工资五千元。当然，并非钱越多就代表越成功，但是，论对社会的贡献，当然是前者多，因为他帮助了那么多人就业，功德是无量的。当时大家都评论，看来真是细节决定成败。可是我要问问大家，细节从何而来？是强迫自己去做的吗？这很大程度上，不是每次的强迫，而是来自于习惯，儿时养成的习惯。如果儿时就有这样的习惯，工作后再培养，则容易得多。而第二个人，则一直没有这样的机会，也没有争取，所以进步不大。

互动的好习惯，能在方方面面帮你大忙

回过头来，我们看看为什么要"父母呼，应勿缓"。其实，这是培养孩子养成一种习惯，一种别人有求，你要迅速回应的习惯。这是与别人良好互动的开始。如果你与自己最亲近的家人有如此的良性互动，那么，这会是一个演习。当它成为一个习惯，在你成年之后的工作中，就会帮你的大忙，会令你更好地进入与周围人的良性互动中。

现在的孩子，因为多是独生子女，家长倍加呵护，所以很多孩子以自我为中心，不大懂得与别人分享。他们认为，当他们呼唤别人的时候，别人要立刻到位，比如喊父母，父母就要马上出现，这是"儿女呼，应勿缓"；而当父母喊他们的时候，他们却因为玩游戏而不理睬，或者跟父母吼："别喊我，没看见我正在过关吗？"这样就不是互动关系，而只是单方面的

回应。这样的孩子越来越多，我们看现在的大学毕业生在单位的表现就知道了。曾经有一个凤凰卫视的朋友对我说："现在的孩子怎么都这样？平时需要我这个前辈时，我都立刻去帮忙，但是那天在电梯里，我拿着很重的摄影设备，旁边的年轻人都看着，没有一个说帮我一下，太寒心了！"很多独生子女的家庭，对孩子没有培养出"分享、互助"的思维习惯，而是觉得世界都是该来帮助我的。这样，他的良好互动越来越少，何谈职场生涯的幸福与成功？

不懂规矩的人，生活中会欺软怕硬

另外，我们中国过去有个词，叫"规矩"，规是圆规，是画圆形的工具；矩是曲尺，是画直角或者方形的工具。这个词讲的是每个人在社会中该遵守的规范。严格地说，"父母呼，应勿缓"也是一种规矩。过去，规矩是家长告诉孩子要遵守的，比如，我们小的时候，父母就告诉过我们：见到客人要鞠躬问好，吃饭时筷子不许插到饭碗里面，不许敲碗，走路老人先走，吃饭时老人先动筷子等。这些是家长告诉我们必须遵守的，我们往往在没懂为什么的时候（当然懂了更好）就必须遵守了，这就叫规矩。

但是现在，很多家长认为规矩是没有用的，让孩子遵守规矩会使孩子丧失"自我"，没有个性。可是他们往往矫枉过正,很多孩子开始成为家里的中心,吃饭没有时间点,大家吃饭了,喊孩子,孩子往往玩得正开心,不加理睬;等过了一个小时,孩子饿了,家长再重做饭;家里吃什么,完全由孩子说了算,孩子想吃什么家长立刻就去做;不想吃的,做好了孩子也一口不吃;吃饭时孩子吃第一口,老人都要等着,等等。总之,孩子在家里是小皇帝,性格张扬,完全是世界的中心。可是,到了幼儿园或者学校,孩子却完全是另外一个模样,因为那里不再以他为中心,没有人像家人那样宠着他,所以他在那里无所适从,深受打击,往往走向另外一个极端,变得异常老实、服从,甚至丧失自我。

这样的孩子,往往会形成双重性格。遇到弱于自己的,就飞扬跋扈去欺压发泄;遇到强于自己的,性格立刻变得懦弱谦卑。两种力量冲突,往往会令他们找不到自我。

当然,家里的气氛是有异于学校和社会的。但是,我们应该想到,家里可能也是一个教育孩子适应社会的演练场,在这里稍微学会一些规则,这些规矩,使孩子知道有这些社会规范的存在,这对孩子适应社会还是有好处的。

总之,社会是个协作的大家庭,在社会组织运转时,规则是必不可少的。如果孩子们在儿童时期就能够了解到大家都是一体的,要和谐互动;同时在这个阶段培养出良好的互相沟通习惯,这对将来的生活是非常重要的。

因此,"父母呼,应勿缓"有着很深的意义。我们现在可以用心理学来分析,古代人的思想可能比较朴素,但是非常有效,所以就留下来了。如果我们不懂里面的深意,可能会觉得它死板,就把它当作糟粕扔掉了。

在讨论是否要教孩子规矩的时候,我用一家人吃饭作例子。有的家庭到了吃饭时间,孩子正玩得高兴,因为家长长期以来没有给孩子立规矩,一切按照孩子的意愿来行事,所以孩子往往怎么喊都喊不动,他要一直玩到自己饿为止,然后家长再给他重新做饭。那么是否要求孩子按照规矩必须来吃饭呢?有教育思路认为,可以由着孩子,孩子饿了再吃,认为这样可以保护孩子的自我。其实,从医学的角度来讲,是应该养成定时吃饭的习惯的。因为吃饭时间是有节律的,如果到了吃饭的时间没有吃饭,身体会照常分泌胆汁、胃液等。胆汁分泌了却没有食物,时间长了会胆汁蓄积,出现结石;胃液分泌却没有食物,如果时间长了,会腐蚀胃黏膜,造成损伤;然后身体修复,再损伤,再修复,在长期反复的炎症修复中,细胞变异机会增加,就会导致胃癌。所以胃癌与饮食不规律有密切关系,这是肿瘤医学给我们的信息。而规律的饮食习惯,很可能来自童年。当然,即使长大了,也尽量不要因为工作而改变吃饭的节律。

课后练习：

阅读本文后，你可以尝试和孩子做这样的沟通，以对本章内容进行实践：在某天和孩子约定好做一个游戏，就是看他（她）一天内能不能对你的呼唤都及时回应。如果孩子做到了，那么晚上就告诉他（她）"你做得真棒"，并给他（她）一个拥抱，或者说几句赞扬的话，让他（她）知道这样做是好的。

02

父母的话，孩子一定要听吗

《弟子规》的真正意思是"父母规"

《弟子规》里面有这样一句话："父母命，行勿懒。"对于这句话大家讨论热烈，其中小部分人认为应该执行，父母与自己缘分最深，父母的要求怎么能不去做呢？但是，绝大多数人对这条提出异议，认为现在的父母自己都没有做到，凭什么要求孩子？对于正确的命令要执行，对于错的怎么执行？更有一小部分人把矛头直接指向儒家，认为这是糟粕，培养了奴性，扔掉算了，别客气！

这些看法都很有代表性。说实话，虽然教育部门在推进

《弟子规》教育，但是难度还是挺大的。很多家长认为这东西没用，尤其是死记硬背，更是害人，所以心里存有很大的抵触情绪。这样孩子还能学好吗？

那么，这《弟子规》真的是糟粕吗？里面还有哪些我们可能未曾想到的含义呢？

"父母命，行勿懒"，翻译过来就是对于父母的要求，孩子要认真去做，不要因为自己的懒惰而延迟或者不做。

那么，这话到底有没有道理呢？

首先，我们要看大家的抵触来自哪里。大家之所以反对，是认为父母的命令未必都对，孩子如果真的都做了，容易犯错误，误入歧途。

这么想是对的，古代的父母我们不评说，现代的父母，其实也很少接受完整的思想体系教育。在这种情况下自己有了孩子，用什么来教育孩子呢？

所以，学习《弟子规》谁最有压力，是孩子吗？不是，其实是父母。**父母首先应该努力提高自己的修养水平，多多学习，这样才能给孩子更多合理的、有帮助的建议或者要求。**否则，如果父母整天要求孩子伺候自己的麻将局，你说孩子就必须执行吗？因此，我写的这些内容，基本没有给孩子看的，都是给父母看的。父母懂了其中的道理，自己理解了，才能教给孩子。

懒都是惯出来的

那么，在父母努力矫正自己，努力提升自己的情况下，这句话合理吗？我们应该遵照《弟子规》去执行吗？这句"父母命，行勿懒"，到底说的是什么呢？就是简单地执行父母的命令吗？

我认为，首先，我们要搞清楚什么是"行勿懒"。所谓的"勿懒"，就是不偷懒，"勤"的意思。**勤勉、勤劳，这是每个青少年都需要培养的品德。**

为了说明"勤"这个字，我先来讲个真实的经历。

有一次，我的一位好友想在北京租房子，房屋中介给他推荐了一个公寓，并领我们去看。当时正好房东也在，那个房间的租客也在，于是我陪同朋友与房屋中介和房东，一起去看看。这是一个比较高端的小区里一套类似酒店式公寓的房间，现在正在租用的房客，是一位年轻的女模特和她的男友。

我们敲门，这个女模特开了门，非常年轻的女孩子。大家知道我进房间后的第一感受吗？是震惊！极度的震惊！她和男友正在居住的房间，我无法形容那种乱，就像是把所有的衣服往天上地上随意扔一个星期，最后能达到的效果！满床都是衣服，厨房的洗菜盆里面都是没有洗的碗，他们叫的外卖吃过后的废弃饭盒就扔在地上，房间里散发着难以忍受的味道，所有的东西都是乱扔的，没有一个是整洁地摆在那里的。

这绝对不是他们要搬走了不收拾的结果，应该是无数日子沉积下来的，因为那衣服在地上已经散乱地堆得很高了。当时房东都傻了，估计他从来没有看过房子，不知道房子已经被折腾成这样了。我的朋友也晕了，立刻决定不租。我们都想尽快离开那里，因为几乎一刻都待不下去了。

这是我一生中看到的最乱的房间，而且，超出我的想象无数倍。

我估计，这就是个北漂的女孩子，但是能租用这样的公寓，我觉得应该还不是混得很差的。可是，她和她的男友，怎么能忍受这样的生活环境呢？虽然他们出门可能打扮得光鲜亮丽，但是自己住的地方居然如此脏乱不堪，让人意想不到。

这种情况，说明这对情侣几乎毫无持家经验，懒字当头。在家里是父母照顾，饭来张口、衣来伸手地过日子；当离开了父母，自己不想做任何家务，所以吃完了盒饭连盒都不想扔，懒得连衣服都不想叠，到处随意扔。层层堆叠，看着更头痛，就更不想收拾了。至于擦桌子，连桌子都堆在杂物中找不到了。

这对情侣的性格是怎么形成的呢？是父母没有培养好，没有训练他们要讲究个"勤"字，至少家务要自己动手，这些都没有。

这是个案吗？我再举个例子。我父母在老家有套房子，租给一家公司的几个员工住，当他们的集体宿舍。有一天，我回家探亲，正好接到物业电话，说房子漏水，让我去看看，我就去了。我很久没有去看这套房子了，一进去，大吃一惊。我曾经住过的房子，现在里面已经破旧得难以形容：各种东西堆得乱七八糟，没有洗的衣服、袜子扔在椅子上、地板上，味道难闻；他们的床上也是被子没有叠，被褥不知道多久没有洗过，气味刺鼻；厕所里面更是脏得不堪。我当时真想说这房子不租了。这些租客都是白领，但是没有想到他们晚上居然住在这样的地方，自己却丝毫不想改善。为什么？因为没有养成"勿懒"的习惯。

勤劳，才是父母送孩子最好的礼物之一

我曾经说过，习惯这个东西，很多时候不是想要做就可以做到的。绝大多数情况，是都知道应该做，但就是懒得去做，不愿意行动，除非是毅力强的人。那对情侣一定也知道屋子乱不好，但是理智没有足够的动力让他们去收拾，因为他们没有这个习惯。可是，如果这是习惯，则用很少的心理动力就会去做的，因为习惯了。所以习惯在人生中的地位十分重要。那么，习惯都是什么时候形成的呢？我觉得人的大多数习惯是少儿时期就开始形成了。家长们一定要清楚，千万不要以为等孩子懂事了，跟他讲清道理，他就去做了。不一定是这样的。当然懂道理了再培养习惯也可以，但是，这也有很大的风险。等

懂事了，你跟他讲道理他很可能会跟你对抗，用各种懒惰的理由反驳你。我见过很多家长企图讲道理，结果碰了一鼻子灰，因为孩子长大可能已经开始叛逆了。所以当孩子大了，就不容易养成习惯了，可能你讲的道理他都接受，就是不去做。**反而是儿时养成的习惯，可能孩子都不懂为什么，但因为这是习惯，所以就执行了。以后再明白道理，则锦上添花。**

我老家在东北，儿时吃的是酸菜、大酱，结果一辈子的饮食习惯都是如此。我妹妹之前在澳大利亚生活了很多年，每次回来之前，我们都问她要准备哪些爱吃的食物，她在上飞机前都回答："准备好酸菜，黄瓜蘸大酱！"其实理智上也知道澳大利亚的西餐也不错，可就是吃不惯，觉得无法忍受。这是饮食习惯，不是长大讲了营养学道理，明白了就可以改变的。

勤劳的习惯也是这样，小时候养成习惯了，就一辈子顺顺当当地去做；没有养成习惯的，要努力改变自己，即使累得心理能量都快耗光了，往往也做不到。

我之前讲过，国外心理学家、脑神经学家研究的结果是：**习惯并不仅仅是心理问题，它还可以改变大脑结构，令大脑皮层改变，而这种改变，反过来会令你本能地去做某件事情。**

曾经看过一个案例：国外一个大公司招聘，职位诱人，很多人应聘，大家的水平都差不多。这个时候怎么选人呢？负责人力资源的主管最后选择了一个小伙子。为什么选他呢？因为他看到了一个细节，当时地上有张纸，其他候选人都无视而过，只有这个小伙子蹲下去，捡了起来。这个细节让人力资源主管认为这个小伙子认真仔细，有责任心，所以最终选了他。而后来的事实证明，这个小伙子的确没有辜负公司的信任。

其实，这样的事情在一个公司里面，每天都在发生。你以为一个员工的态度上级看不到？不会的，你的任何细节，其实大家都看在眼里。有良好习惯的人，会处处积极主动；而懒惰的人，每个环节可能都差那么一点儿。最后工作的效果自然也是不同的，对社会的贡献当然也是不同的。为什么会有这样的差异呢？习惯不同而已。习惯不同，甚至可能导致人生态度的不同。积极主动者，越来越积极；懒惰松懈者，越来越觉得没劲。当然，成年以后，我们也可以养成好的习惯，但是需要的毅力更大，很多人都是在改变习惯上败下阵来的。**能够让孩子在儿时养成好的习惯，尤其是勤勉严谨的工作习惯，应该是父母给孩子最好的礼物之一。你说呢？**

你所做的一切，都会回报到自己身上

现在，我们可能理解了"行勿懒"，就是培养孩子"勤"的习惯。那么"父母命"怎么理解呢？这又是想培养孩子什么习惯呢？

在我们成长的过程中，父母扮演的是抚养者和教育导师的角色。从导师的角色出发，会让我们做很多事情，即所谓的

"命"。我们分析一下这些命令，绝大多数是什么性质的。是赚钱的吗？显然不是。是赌博等坏事吗？99%的家长都不会这样。那么是什么呢？是不是绝大多数都是关于学习知识或者技能的呢？应该是的。这是培养一个人的过程，学的基本都是学习生活的技能，或者是为未来做准备的知识。

那么，我们接着问，这些"父母命"，父母要求孩子做的事情，学习的事情，是为父母去做的吗？

我相信答案都是否定的。**父母是天下最无私的人，父母所要求的，虽然命令发自父母，但是最后受益的人，是孩子自己。**

从父母与孩子的关系上，我们可以学会人生最重要的"道"。很多人把"道"讲得神秘莫测，其实"道"非常简单，大道至简。"道"的内涵之一，**就是世界是一个整体，你坦然从容地发出善的信息，为众生做事，最后都会回馈到你身上；做得越多，你自己会越幸福。**这就是老子在《道德经》中所讲的"后其身而身先，外其身而身存"的道理。

举个生活中的小例子。父母让孩子去买几盒巧克力，孩子可能一溜烟就去了，因为他自己有利益在里面。他从嘴馋的角度出发也要立刻去，这是自私的角度。人生来就有自私的本能，为了生存嘛！但是如果你让他去买瓶酱油，他可能就支支吾吾，说我正在写作业，我比较累了。为什么这样呢？因为他觉得这东西跟他没有关系。

可是，我们要告诉他的道理是：这个世界是一体的，你所做的，都会回报到自己身上。比如晚餐中孩子最爱吃的红烧排骨，正是用酱油作调料；如果没有酱油，也就没有美味的晚餐。

所以，父母"命"的，长远来看，可能正是孩子需要的。如果孩子仅仅从自身的角度出发，自私，不愿意去做，则很难形成好的习惯，如勤勉的习惯。如果能把这个道理讲给他听，或者就先让他去做，然后让他有所了解，则一定会对孩子习惯的形成有所帮助。

成功的不二法门：多为大家做事

现在的孩子大多是独生子女，家长都是当作宝贝来呵护的，不敢用严格的标准去要求孩子，心疼孩子，不让他们去做什么艰苦的事情。所以现在的孩子，自私者多，很多孩子心中只有自己，别人一旦违背了自己的意愿，则哭闹不已，无比痛苦，他们心中可能连父母都没有。这样的孩子，走向工作岗位，会处处难过，因为那里是要大家协作的。那里整天的工作，都是来自上级的命令，看似都是为公司做的，与自己无关。很多大学毕业生，只做自己分内的事情，其他事情一概不做。有的连分内的事情都觉得是给公司做的，与我无关。

可是，你有没有想到，这个世界是一体的，你的公司做大了,你的工资也会越来越多。而且,你是借助公司这个平台提升自己的。那些收到五千元工资,就只做五千元的事情,多一点儿事情不做的,五年后可能还是五千元工资,没有提升,因为你没有打开自己的"量"。不在乎这些,为大家多做事的人,得到了锻炼,提升了能力,五年后工资可能已经很高了。

日本企业家稻盛和夫之所以能白手起家,创建两家世界五百强企业(两家企业分别是现名京瓷的京都陶瓷株式会社和现名KDDI的第二电信),就是因为他创业开始就发愿"敬天爱人,无我利他",为公司全体的员工奋斗。现在他的公司日益壮大,养活了更多的员工家庭,员工的收入也日益增加,这是功德;而他自己,也成长为日本"经营之圣"。为什么会这样呢?因为世界是一体的,你为大家做事,最终世界也会回馈给你的。

我们人生发展成长的过程,其实都是努力去除自私,为大家做事的过程。只要明白这个道理,你的人生就会更加幸福坦然、丰盛从容;如果不明白这个道理,你就可能在你争我夺、勾心斗角中生活,道路越来越窄,最终身心俱疲。这道理,不是每个人都明白。老子说:"吾言甚易知,甚易行。天下莫能知,莫能行。"如果看了《道德经》,明白了国学的这些道理,应该是好事。儒家更多的是讲流程,让你去做;在做的过程中,道理就出来了。如果我们不理解,先狐疑流程,最后则难以达到目标。

因此,这个"父母命,行勿懒"的深层的含义就是:**父母**

要求你做的,你不要偷懒,要勤勉去做,这会提升你自己,因为这些都不是为父母而做,是为你自己成长而做的。

这是一个逻辑关系,适用于整个社会,成年以后尤其需要。如果我们在家里演练,在儿童时期能够培养这样的习惯,则在成年走向社会之后,会轻松很多,幸福很多。

学习《弟子规》,学的是一个方向,一个态度。古代和现代生活细节一定有所不同,你不能用细节来抬杠,由于细节死板就抬杠是不对的。你不是想进步吗?那就把里面的态度学来,提升自己。抬杠对自己没有任何好处,人家的观点内涵本来是对的,你用外表的细节来抬杠,反而让自己站到了对立面,设置了自己的"知识障"。这样谈何进步?

《弟子规》的这些内容,再深入思考一下,对你的育儿是否会有更多的启迪呢?

课后练习:

阅读本文后,你可以尝试和孩子做这样的沟通,以对本章内容进行实践:每天让孩子做一件他(她)力所能及的事,比如自己穿衣服,不用别人帮忙。如果孩子做到了,那么晚上就要及时表扬他(她),给他(她)一个拥抱或亲吻,让他(她)知道这样做是好的。

03

要想有大成就，
做人做事离不开一个"敬"字

> 父母教，须敬听

做什么事都要明白
"目标，为什么做，怎么做，做的结果"

孩子的教育是个难题，现在很多父母都被我笑称为"无证上岗"，因为他们自己还没有什么思想体系呢。脑袋里面这部分内容还没有充实，自己在社会里面还困惑多多，跌跌撞撞，整天为平衡不了心态而苦恼，身体还因为不良情绪而生病呢（我见到的绝大多数患者的身体失调都与不良情绪有关），这个时候，有了孩子，心中也是惶恐，拿什么来教育孩子呢？于是，翻书，学习国外经验，但是又不知道是否符合中国国情。其实，我们古代的理论和思想也是很有道理的，父母和孩子可以一起学习。

我们来看《弟子规》里面的这句话："父母教，须敬听。"这话有什么含义呢？

这话翻译过来就是：父母教育孩子时，孩子需要以恭敬的态度认真听取父母的话。

很多朋友会说，这句话也太简单了，不就是认真听父母的教育吗？人生往往如此，刚开始看似简单的事情，往往深究起来，内涵很多。现在让我们来看看，这句话里还有什么深层次的道理。

首先，大家要了解的是，《弟子规》连着四个"父母"如何如何的："父母呼，应勿缓。父母命，行勿懒。父母教，须敬听。父母责，须顺承。"我们平时看，容易觉得这是四个问题，各自讲解。其实，这四个行为是有次第关系的，是层层递进的，是教导孩子做事的一个完整过程。

首先，做一件事，父母开始召唤孩子，这是第一步。《弟子规》要求，当父母招呼，孩子应该立刻回答，有所反应，这是积极呼应的表现。

然后，第二步，父母命，就是父母开始布置任务，让孩子去做什么。这时《弟子规》要求孩子不要懈怠懒惰，应该很勤勉地立刻去行动。

很多朋友这个时候狐疑，怎么能强迫孩子做事情呢？应该把道理讲清楚再做啊，否则强制执行不符合道理啊！其实，这种担心是多余的，你以为古人会想不到吗？大家看看下面的程序："父母教，须敬听。"这是什么，就是父母布置了任务之后，在做事的同时，或者做事之后，要给孩子讲里面的道理，如何去做，做的心得是什么，这是"教"。所以，古人不是一味顽固，只让孩子去做，不讲解其中的道理的。而且，古人还写了下面的步骤。

第四步："父母责，须顺承。"这是在讲解过后，如果孩子做事还是出现了不该犯的错误，尤其是在前三个步骤出现了问题，父母除了讲解，还要批评。对于这种批评，孩子要认真听取。

所以，大家看到了，这是有着递进关系的四个步骤，做家长的一看心里就该知道这基本涵盖了教育孩子的全部过程。这四个步骤，不管你是古代的，还是现代的，你是中国人，还是外国人，只要你教育孩子，都应该具备这四个步骤。除非你准备彻底反传统，反文化体系，完全不教育孩子，像放羊似的散养，就可以不关注这些。但是，话说好像老虎教幼崽捕猎也是这么教的吧？

所以，不要觉得《弟子规》里面的父母只会命令，强令孩子执行，不是的，还有后面"指导"和"纠正"两个步骤呢。

这样，我们就明白了，这个"父母教"的"教"字，讲的是对孩子做事的指导、教育。这里面对父母也有要求，就是**要**

把做事的目标，为什么做，怎么做，做的结果如何，等等，都教给孩子，这才是真正的"教"。相信每个父母都在朝着这个方向努力。

人生的大格局从"敬"开始

那么，为什么要求孩子做到"须敬听"呢？这里面提出的重点是一个"敬"字。

所谓"敬听"，就是应该怀着恭敬、尊敬的态度来听父母的教导。

我们通常说恭敬，但是"恭"和"敬"在古代还稍微有点儿区别。古人说"在貌为恭，在心为敬"，意思是外在表现出来的叫"恭"，内心的态度叫"敬"。所以"恭"是内心"敬"的外在表现。

那么，对父母的教导，我们为什么要求孩子要以"敬"的态度去倾听呢？

首先，我们要仔细想一想，到底什么是"敬"？

通常的解释是：尊重，有礼貌地对待；谨慎，不怠慢。

那么，为什么会出现这种情绪和态度呢？我们仔细分析，应该是觉得自己得到了他人的帮助、关爱与护佑，这样就会产生"敬"的感情，比如"敬天爱人"的敬，对父母的敬爱，等等；另外，有的时候，觉得其他人有着他们的优点，自己一时还做不到，应该努力去提高，此时也会产生尊敬的感情，比如对竞赛对手的尊敬，看到了别人的优点"肃然起敬"，等等；还有的时候，是觉得所要做的事情非常重要，容不得差错，会以"敬慎"的态度去做。但是这种含义现代人的体悟可能已经非常少了。

实际上，"敬"的能力的培养，是提升人生修养的一大途径。一个人，当他意识到这个世界是一体的，谁也不能离开谁单独存在，自己的存在一直依赖着周围一切人、一切事物，我与周围的世界紧密相连的时候，心中才能升起真正的"敬"的感情，会对这个世界，对周围所处事物产生敬意。

有了"敬"，才能更好地做到谦虚，做到认真谨慎，做到真正的包容。

这是在"道"的层面对世界的看法，我们与周围世界密不可分，浑然一体。**我们的生存，有赖于整个世界，我们必须心存敬意。**儒家经典《礼记·曲礼上》说："虽负贩者，必有尊也。"意思是哪怕是低贱的小商贩，也必然有他们尊贵的地方，需要对他们表示尊敬。

成功的人容易看到别人好处，
不幸福的人最擅长挑别人的错

我在生活中，观察到有两种人。一种人是很容易看到别人

的好处，看到每个人，都会发现有值得自己欣赏的地方；遇到任何事情，都能找到其中令自己感兴趣的地方，然后愉快、认真地对待。即使遇到刁难自己的人或者挫折，也会找到其中有益的地方。另外一种人则相反，看到什么都烦，除了能给自己带来利益的人；看到谁都要找他们的缺点，然后觉得他们一无是处；看到所有的事情都找不好的地方。这种人，擅长挑错，觉得一切人都不如自己，用蔑视的眼光看所有的人。

而我们大多数人，都处于这两种人之间，有时候倾向前者，有时倾向后者。不用我说，大家都应该知道：我们如果想要幸福，就应该努力向前者学习。

那么，为什么会出现如此大的差别呢？很大程度上，来自我们对周围事情的态度，是否对世界心存敬意。有的人，有一颗感恩、尊敬之心，认为周围的一切都有值得学习、值得尊敬之处，每个人都有自己的优点，每个人的优点都值得学习；遇到刁难自己的人，也会努力去找对方令自己敬佩的地方。而另外一种人，对生活缺乏尊敬，觉得别人都不如我，很多人都是废物与骗子，这样想，自然毫无尊敬之心，也不会快乐地对待世界。

在生活的各个方面，敬的态度，都可以让我们进步

在中国古代，学者们一直把"敬"放在一个非常重要的位

置,比如孔子就认为"敬"非常重要,甚至可以说是"礼"的核心。"居上不宽,为礼不敬,临丧不哀,吾何以观之哉?"是说一个人在按礼节去做事的时候,内心没有敬的态度,这种内外分离的样子在孔子看来是没有可取之处的。可见孔子对"敬"这一内心修养的重视。所以,孔子很注重"敬"这种内心的培养,认为:"居敬而行简,以临其民,不亦可乎?"

当子路问孔子如何成为"君子"时,孔子就说了非常重要的话:"修己以敬。"即修养自己,保持严肃恭敬的态度。孔子把"敬"的培养作为提升君子修养的最基本的手段,这是境界很高的话,没有对世界透彻的感悟,是无法提出"修己以敬"这样的要求的。

荀子是儒家的另一位大师,他与孔子一样,认为"敬"是"礼"的内核,是"仁者"所必须具备的品质。在生活的各个方面,敬的态度都可以让我们进步:"凡百事之成也,必在敬之;其败也,必在慢之。"在这里面,荀子的意思非常明确,就是在敬的状态下,你做事一定会态度严谨,不会怠慢,这样做事怎么能做不好呢?

但是现在,我们的社会对"敬"的培养是不够的。比如对工作,"差不多就行"的态度非常普遍,甚至成了中国式糊弄。

人与人之间,我们现在也缺乏最起码的尊敬。在一般人的眼里,似乎在这个世界上,只有我自己的利益和尊严才是最重要的,警惕、指责、谩骂的斗争思想随处可见。中国有句老话,叫"人敬我一尺,我敬人一丈"。实际上,"敬"在人与人之间的关系中,起着非常重要的良性调和作用。

现在的儿童教育,对"敬"的培养可能更加荒疏。我曾经不止一次在街上看到几岁的孩子对父母动粗。有的是开玩笑的打,把父母当作怪兽,自己是奥特曼。但是孩子的手脚没有分寸,我见到过有把父亲的眼镜打飞的,有围着母亲狂打,口中念念有词的。这在我的观念中,简直匪夷所思。我当时诧异地看着,觉得他们的父母在众目睽睽之下,表情也是很尴尬的。

还有的是真的发火。有的孩子因为父母没有给买什么东西,就开始发火。很小的孩子,居然可以拿起什么东西就往父母脸上打。这样的事情我见过一些,与朋友探讨,有的人说这是孩子可爱的地方,是天性彰显的地方;有的说是不懂规矩。我是赞成后者的。孩子偶尔这样可以原谅,因为毕竟是孩子;但如果经常这样,就要思考家长的教育是否有问题了。

所以,《弟子规》告诉我们,在父母教育指导孩子的时候,孩子要以尊敬的态度倾听,这个"敬"字,非常关键,这是从小事上培养孩子"敬"的品德。**孩子与父母的关系,实际上在很大程度上,是孩子与未来社会关系的一个缩影,一个演练场。**你别小瞧这些细节,孩子的生活可能都是小事,但是在做这些小事的过程中,却培养着他在未来社会中的种种品德。他的生活没有大事,每一件小事都可能影响他的未来。

从小不学会敬人敬事，长大后做什么都被人看不起

因为父母是孩子的养育者，每天辛苦抚养孩子，所以从本能上讲，孩子对父母是充满了感激和依赖的。在这种感情中，孝与敬会自然产生。庄子所讲的"以敬孝易"，就是说以敬的形式来行孝是很容易执行的，敬是孝的出发点。以此类推，逐步提高，才可以广被天下人。父母应该因势利导，在这个阶段来培养孩子"敬"的能力。现在很多父母不懂这个，对孩子过分溺爱，让孩子觉得大家对他好，是理所当然的，所以最终成了小皇帝。不但没有"敬"，而且会越来越不满足，稍有不满，就会觉得世界亏欠他的。在这种情况下，孩子"敬"的能力一点儿都没有被培养起来，当他长大，走入社会后，可能在与人合作方面，变得难以协调，甚至会变得非常狂傲。这样的人，不但自己做事会阻碍重重，在个人修养方面，也会因看不到别人的优点而无从进步。

在孩子不同年龄段，教育的方法是不同的，需要根据孩子成长的特点来调整方法。但是，对于"敬"的品德的培养，父母的心中必须有数，不能因为自己对此没有认知，就忽略了这个品德。

因此，大家看《弟子规》里面的细节，其实包含着一些重要的道理，如果逐步奉行，就能帮助培养孩子好的品德，这

句"父母教，须敬听"里面也是层次清楚，在孩子有了敬的心态后，自然能够认真倾听。大家都知道，**同样听一件事情，你的状态决定了你是否能做出正确的选择**。如果别人说的事情是对的，只是讲的态度方式未必妥当，但是因为你自己有恭敬的态度，比较虚心，就会忽略掉其外表的不妥，及时地选择，即使听到错误的言论，也会冷静地分析来龙去脉，客观地给予评价。可是如果你没有敬的态度，心气浮躁，瞧不起别人，即使对方建议是对的，你也会因为影响自己的自尊或者其他原因不愿意听取。这样的事情在我们成人社会非常多见，我觉得这与童年的品德培养是密切相关的。

不知道这样理解"父母教，须敬听"这句话是否合适，是否能对你有所启发。

当然，现在的父母，也是上一辈人的子女，所以，在学习讨论《弟子规》的时候，要先反思自己是否做到了，认真调整自己的状态，才可以去以身作则地去教导孩子。

课后练习：

阅读本文后，你除了告诉孩子要尊重别人，与别人说话时要专注外，还可以尝试和孩子做这样的沟通，以对本章内容进行实践：当你在与孩子谈话时，如果孩子能恭敬地倾听而不是很不耐烦、左顾右盼，你就及时表扬他（她），并给他（她）一个拥抱或者亲吻让他（她）知道这样做是好的。这样的事要持之以恒。

04

人生大事，
无一不是顺势而为

> 父母责，
> 须顺承

除了父母，没有人会无条件爱你

"父母责，须顺承。"这句话是什么意思呢？现在我们不是讲要培养孩子的独立人格吗？不是讲平等吗？为什么《弟子规》却让我们在面对父母的批评时，要无条件地全部接受呢？这样做符合现代价值体系吗？

《弟子规》连续讲了四个"父母"的行为，孩子该如何反应，分别是："父母呼，应勿缓。父母命，行勿懒。父母教，须敬听。父母责，须顺承。"这四条，是父母教育孩子必须经历的四个步骤，古人对此考虑比较细致。这里面，非常重要的两个字，是"父母"。

《弟子规》上来就讲："首孝悌，次谨信。泛爱众，而亲仁。有余力，则学文。"把"孝"字放在开头最重要的位置。为什么这样呢？

因为，与父母的关系，是我们人生中的第一个关系，是最初遇到的，也是最重要的，很多影响甚至很久以后我们才能意识到。

我们可以随意从街上拉一个陌生人过来，问问他，从现在开始，你免费为我服务。每天免费为我做饭；免费逗我开心；我去厕所，你要免费为我料理手纸；要随时关注我的情绪，不开心要开解我，我有问题要随时替我分忧；我想听故事了，要免费一遍又一遍地讲，一个故事来回讲几十遍。

有人会愿意干这样的事情吗？路人想必是不会的，能干这样事情的，只有我们的父母。

父母的恩情，是难以言表的。我们做婴儿的时候，哭闹打骂，父母都是顺承的，没有一个父母会跟婴儿怄气。他们对别人的大小便都会觉得厌恶，但是对自己的孩子却一次次换尿布，从未嫌弃。

我小的时候，家在沈阳，但是母亲的工作关系还在沈阳附近的辽阳市灯塔县（现为灯塔市），所以她每天要抱着我，到灯塔县上班。每天往来火车就一班，所以她要起早出发，抱着我，带着包我的被子，拿着小暖瓶，里面是我的早饭，然后穿过辽宁大学的校园,到10路车站乘公共汽车走很远去沈阳南站赶火车。现在很多人说乘地铁上班艰难,其实跟那个年代比,差远了。有一次,下大雨,母亲说她走到操场,地上全是水,很滑,她一下子跌倒了,伞被摔到一个地方,我被摔到一个地方,行李被摔到一个地方,她摔到一个地方。当时她实在没有力气了,坐在雨中放声大哭。现在,每次母亲提到这件事,眼泪还会流出来。

下了班,她还要抱着我乘火车往回走,但是那个时候的火车时常会晚点,母亲说她到沈阳经常已经很晚了。有一次下大雪,到沈阳已经半夜了,出了火车站,公共汽车早没有了。当时母亲万念俱灰。后来她看到有辆部队的车,就上去问:"同志,你们去哪里?能不能带我一段,剩下的路我自己走。"解放军战士看到我母亲确实艰难,于是答应把我们送到辽大。多亏这些战士,我母亲才回到家里。然后第二天,又要起早上班。

当时,我什么都不知道,就是在襁褓中酣睡,可是母亲却吃了那么多苦。

到现在,我每次出门,母亲也是一直操心。每次我走的时候,看到母亲在阳台上远远地望着我,都会心酸。有一次我要出门,母亲一大早起来,煮了鸡蛋,等我出门时,非得放到我包里让我带着。当时我觉得没有时间吃,就推辞。结果争来争去,最后还是让我放到桌子上面了。后来开车,都出锦州了,我一直在后悔,那是母亲的心意啊!我为什么那么不懂事呢?

为什么一定要逆着她的心意呢？我想她是实在希望自己能为孩子做点什么，所以才煮了鸡蛋。我为什么那么不通人情呢？现在每每想起，仍流泪许久。

父母的恩情，比山大比海深。

无论父母正确与否，都要先考虑父母的感受

很多人说父母脾气也有不好的，做人也有品行不好的，凭什么教训孩子！各位，一定要清楚，我不是说你长大了如何如何，我讲的是你在婴儿时期，还未能言语，每天还随意拉撒的时候，还在本能地索取乳汁的时候，父母对你的照顾，无微不至，未有怨言，让你成长为人。这就是恩情。所以当有人问孔子你们儒家怎么那么迂腐，为什么父母去世要守丧三年，孔子说看你的感情即可。然后他说了一句非常令人动容的话："子生三年，然后免于父母之怀。"就是说你生下来是婴儿，整天吃喝哭闹，全无自理能力。父母含辛茹苦照顾你三年，你才有了生活的能力。（其实孔子这里客气了，三年哪成啊，三年就扔街上还不饿死了？后面要照顾的路还长呢！）

基于这种恩情，对于父母，我们要存感恩之心，尽管父母从来没有要求我们回报。前几天春节放假过后，我说要多陪在父母身边，母亲总说："你快去工作吧，你的工作重要。"我说："你不用管，我能陪在父母身边几天是我的幸福。父母都快

八十了,下辈子不知还能不能再见,珍惜现在的缘分吧,所以我一定要多陪几天。"但是母亲还是坚决赶我走,让我去工作。很多孩子在外地工作,每次打电话,父母都说身体很好,一切都好。结果回到家,发现父母身体并不好,他们只是为了孩子能安心工作,没有把不好的消息告诉孩子。这样的事情,我经常听说。这就是父母之心,从来没想要回报。但是,我们对父母的恩情,必须心存感恩。

所以,我们做很多事情,都要从这份感恩出发。我们首先要确定的是:这里讨论的是与父母关系的协调规则,关系的双方是父母和孩子,关系的核心是基于父母的恩情,我们该怎么做。

对父母的批评,应该先顺着接受,不要在当时顶撞

现在,我们再来看这句"父母责,须顺承"。"顺承"二字,《易经》里面就有:"至哉坤元,万物资生,乃顺承天。"那么,到底什么是顺承呢?

首先,什么是顺?

顺字,左边是"川",意思是河流走的方向与理路;右边是"页",它是什么意思呢?最早的时候,这个字代表头部,是人体中头的本字,上面是一个头,下面是两只脚。那么这个顺字与人体有什么关系呢?原来,我们人体从头顶到脚跟,大家可以发现,是有个顺序的,比如汗毛都是向下的,动物的

鳞甲也多是向下顺的，所以古人说从头顶到脚后跟（从头至踵）这个方向，叫顺。"川"和"页"合起来，就是顺着事物本来运行的方向，不逆行，就是顺。

所以我们有了"顺势而为"这样的词语。

"承"字比较好理解，就是接受的意思。

"顺承"，要求我们要在态度上修炼，不要逆着父母当时的心情，坦白地讲，这是一门功夫。

生活中，我们会发现，与人沟通是很有讲究的，说话的方式等都很重要。人人都需要尊重，都希望自己被人尊重。可是，当你说件事情，对方毫不客气跟你大唱反调的时候，往往同样的事情，沟通的结果却大相径庭。这就是逆势说话的结果。有的时候，同样的话，如果能先考虑对方的感受，不反驳他，先承认对方的道理，然后再陈述自己的观点，则效果可能就完全不同。

那么，我们该怎么办呢？**其实对父母的批评，就是应该先顺着接受，不要在当时顶撞。**

对于这一点，我在年轻的时候，做得并不好。比如有时候母亲批评我，我会与她顶嘴、辩论，甚至反过来指责，觉得很愤慨，声色俱厉。结果母亲常被我气得大哭，第二天看，很明显母亲的脸色非常不好，身体也要很多天才能恢复过来。现在想起来，我痛心不已。我经常讲，如果我穿越时空遇到以前的我，我一定会上去狠狠一个大耳光扇过去。我经常反思，为什么会这样呢？我也是受过高等教育的人啊！后来想明白了，我小的时候处于"文革"后期，没有经历过这种国学教育；长大了，以为自己懂事了，很多道理是可以和家长讨论辩论的，可是，我恰恰忘记了情绪是不能辩论清楚的。对父母的尊敬是有的，但是，没有形成习惯。

这种习惯，我管它叫规矩。所谓规矩，就是不要讨论，在大多数情况下要无条件遵守的。对父母的批评不顶撞，出发点在感恩那里，但是要落实到规矩上。

如果小时候就有这样的规矩，形成了习惯，无论多大了，父母说了令自己不开心的话，你都可能习惯性地说："好好，您的话，那还有错儿？我记住了，放心放心！"这样的话可以让父母宽心，然后，等机会合适了，再与父母沟通。这种规矩，令你形成习惯，到时候本能地就这么去做了，没有什么思考和讨论，这样会令父母得到很多保护。父母是与我们生活在一起时间较长的人，关系最亲密，最容易有冲突，如果没有这种关于"规矩"的教育，父母的情绪不知道要受多少影响。

所以，我一直说规矩的重要，没有规矩，到了当时的情绪氛围中，你觉得你能凭理智控制自己吗？我看未必。我现在反思自己以前的行为，当时觉得自己有一万条理由要与父母辩论呢，哪会想到什么父母的情绪要保护啊，什么"顺承"啊，这些早忘到脑后了。

因此，所谓"顺承"，不是在培养当面答应背后不做的伪君子，而是在培养关爱父母情绪和身体的有情有义的君子。

学会顺势而为，一生从容不迫

那么，有人会说，这种规矩，多么束缚人性啊！

其实，如果你对父母这么做了，父母批评时认真地聆听，过后再与父母沟通，你的孩子看在眼里，你再教导他，他也学会了，一团和气。这有什么束缚呢？大家都少了冲突，少了不良情绪，身体也因此而健康，这难道不是好事吗？

在规矩里的自由，可能因保护而更完整；如果放任自由，则可能会带来伤害。

还有的朋友会问，难道无论父母对错，都要顺承吗？如果是错误的，也要接受吗？

其实，我想要告诉你的是：在父母批评自己的时候，要考虑到父母的情绪，不要顶撞，先认真地接受；然后，等有合适的机会，再与父母沟通。如果说错误的也接受，那是误解古人了，古人可没有那么傻。《弟子规》后面还有"亲有过，谏使更。怡吾色，柔吾声"呢！所以，父母的批评是可能有对有错的，我们过后也要讨论。但是如果父母正在气头上，要保护父母的身体，这是每个孩子都要考虑的。不但要考虑，还要形成"规矩"，因为，父母对你有恩情。回报父母，你可能做不到，但是，最起码不要伤害他们。

可是，各位拍着自己的良心说，父母对你的批评，有多少是错误的呢？难道绝大多数的教育都是错误的吗？我不相信。我觉得恰恰相反，应该绝大多数都是你该认真接受的吧？

所以，总结一下，"顺承"二字，讲的并不是"对与错"，而是感恩与爱护。

我一直讲，与父母的关系，是一个人与这个社会形成的第一个关系，在这个关系里，我们学会日后所需的一切，所以家庭是未来你走向社会的演练场。**如果你在家里学会了感恩，学会了保护别人的情绪，学会了顺势而为，我想你将来在社会上，也会更加从容的。**

我聊这些问题的语气，不是给孩子的，都是给成人的。很多事，我们成人都没有理解，没有做到，就别跟人辩论了。认真反思一下自己，就会发现有很多事情我们没有做到，只有我们做到了，然后孩子看在眼里，你再让他学习，他自然理解。背诵下来，时时提醒自己，那是孩子将来的福分。

课后练习：

阅读本文后，你可以尝试和孩子约定一些平时做事的规矩让孩子遵守，比如不可以顶撞长辈等。每天睡觉前和孩子一起总结，如果孩子当天没有违反规矩就及时表扬他（她），让他（她）知道这样做是正确的。当孩子把这些规矩形成习惯后，无论他（她）多大了，做事都会比较理智。

05

我们还剩多少体察温暖、传递温暖的能力

> 冬则温，
> 夏则凊

"冬则温，夏则凊"并不是让小孩子去暖被窝

在《弟子规》里面，有这样一句话："冬则温，夏则凊。"这句话的字面意思是：冬天要温暖，夏天要凉爽。可是，突然冒出这么一句来，是什么意思呢？

原来，这是古人所讲究的孩子对父母孝顺的一种做法。通常，大家在讲《弟子规》这句的时候，都首先要讲一个小故事，这个故事的主人公是东汉时期一个叫黄香的男孩儿。

黄香小时候家里非常贫穷，九岁时他母亲便去世了，当时他悲痛得无以复加。在接下来的日子里，就只有他和父亲相依为命。黄香除了读书，平时还要帮助父亲操持农活、料理家

务。冬天，天气很冷，他要先钻进被窝为父亲暖和被子，然后才让父亲睡觉；夏天，他在睡觉前要为父亲扇席子，等席子凉了，才让父亲躺上去。黄香对父亲尽心尽孝，因此，人们都夸赞他。黄香少年时即博通经典，文采飞扬，当时的皇帝称赞他"天下无双，江夏黄香"，于是，他名声远播。

后来，黄香长大做了官，非常勤勉，深受皇帝的重视，曾任尚书令。尚书令在当时是一个级别很高的官职，直接对皇帝负责，掌管机要。黄香任魏郡太守时，当地发大水，他就把自己的俸禄都捐出来给灾民，在他的带动下，当地官员、富人都捐资赈灾，使得老百姓得以活命。

那么，《弟子规》里面的这句"冬则温，夏则凊"讲的就是这个故事吗？

这我还真得纠正一下，我们可以用这个故事来理解这句话，但是，这句话其实是另有来历的。

这又是怎么回事儿呢？

要讲清楚这个问题，必须先介绍一部典籍，就是《礼记》里面的《曲礼》。

这《礼记》是本什么书呢？现在的中国人，对我们的历史基本不怎么了解了。我曾经问过我的朋友们："认真地看过一遍'四书'的朋友举手。"结果无人举手。其实"四书"打印出来是很薄的，它是过去儒家思想的精华所在，讲述的是人品德修养方面的内容。但现在认真看过一遍的人却很少。这是现在中国人的状况，对自己国家古代的文化基本不了解。连"四书"都少有人看，就更甭说"六经"了，估计翻一翻的人都极少。

在"六经"里，《礼记》是很重要的一部典籍。《礼记》主要讲的是先秦的礼制、礼仪，是专门解释仪礼的。那么，孔子删定"六经"，尤其是《礼记》这部典籍，目的是什么呢？主要是想通过"礼"来提出修身做人的准则。从目的上讲，它是为完善品德服务的。

但是实际上，大家翻翻《礼记》就会发现，这部九万字左右的著作内容实在是太广博了，可以说是先秦时期的百科全书，门类杂多，看着都晕。它涉及政治、法律、道德、哲学、历史、祭祀、文艺、日常生活、历法、地理等诸多方面，包罗万象。虽然里面的很多礼仪后世已经不用了，比如一些贵族的礼仪。但是现在来看这部作品，可以让我们对古代社会有个了解，我们的文化曾经那么精深，这是一个民族的历史啊！记得有一次，我出差住在一家酒店，发现客房的床头居然放着一本《礼记》，拿来翻翻，见扉页上印着：这是让客人随意看看的，了解一下中国人"礼"的历史。当时我非常感动。我们素来号称"礼仪之邦"，这"礼"在哪里？其实中国人都该看看，了解一下，在世界上大多数地方还是蛮荒一片的时候，我们的先人已经建立了怎样一个严整有致的社会形态。

而《曲礼》是《礼记》中一个非常有趣的部分。"曲"在古代有细小、周遍的意思，曲礼就是那些细小的杂事、日常生活中的礼节。大家可千万不要小看《曲礼》,《礼记》里面的很多礼仪可能后世已经不用了,比如"刑不上大夫"就已经被摈弃了。但是《曲礼》里的内容,却几乎塑造了整个中国、甚至亚洲人的礼仪风貌。

我们过去,有很多老的礼数,比如当着长辈的面不能称自己为"老什么",如当着你爷爷,不能说自己"我老王的年岁这么大了"。在过去,如果你这么说了,你爷爷会拿扇子敲你头的。这就是《曲礼》里面讲的"恒言不称老"。类似的还有很多,如吃饭不拿筷子乱敲、乱剔牙,等等。很多老的礼数,其实都是来源于《曲礼》的。虽然《曲礼》里面有很多内容后来也消失了,但是有些内容影响中国人的时间相对比较长,其中部分内容成了老礼数,民国时候还在;这些内容今天在日韩还可以看到,而在我们国内却基本都荒废了。

顺便说一句,我们生活中的很多老话儿,也来自《曲礼》。比如:"医不三世,不服其药。""礼尚往来。往而不来,非礼也;来而不往,亦非礼也。"各位看着眼熟,它们的来历却很悠久。

那么,这些事情与"冬则温,夏则凊"有关系吗?

原来,在《礼记·曲礼》里就记载有:"凡为人子之礼,冬温而夏凊。"这句话的意思是:作为子女,对长辈的礼节,应该是在冬天的时候体察到天气寒冷,要尽量为长辈创造温暖的环境;夏天的时候要考虑到天气炎热,尽量能为长辈创造凉爽的环境。所以后世人解释这句话说:"温以御其寒,清以致其凉。"

所以,各位看到了,这个内容在过去,并非是单单教育小孩子的。《礼记》是培养君子品性的,也就是说大人也要学习。这里面的"为人子之礼",更适用于我们成人孝敬老人。只要你有父母长辈在,你就要深刻体察老人的生活环境。冬天要考虑老人的居住环境是否寒冷,要为老人改善;夏天要考虑老人的居住环境是否太热,同样也要想办法调整。所以,《弟子规》的这个内容是取自《曲礼》的(后面还有好几句话都选自《曲礼》)。它并没有非要孩子去给父母暖被窝,给父母扇凉席,那是汉代的黄香在学习了《礼记》之后,遇到了这种情况,这个九岁的小孩子自己的发明,因为他爱父亲,所以他想出了这样的办法。

所以,如果谁说《弟子规》迂腐,非让小孩子去暖被窝,导致父子没有平等的人格,培养了奴性,其实是不对的,那是不了解《弟子规》里面内容的来历。人家讲的只是让你体察父母的生活环境,并没有强行规定孩子去做什么。这种体察父母生活环境的想法,放在世界上任何一个民族中,都应该是可以理解的。

而黄香的故事,严格地说只是某个孩子,用他自己的办法实践了《曲礼》的"凡为人子之礼,冬温而夏清"的一个故事,并非《弟子规》里面本来就有的内容。虽然孩子有这样的孝心很可嘉，但是并没有强迫大家都去暖被窝的意思。只是大家总是用它来说事儿而已。可见，讲一个教材，如果不看它的全貌，就很容易被大家凭直观给否定了。

如果你只会观察别人的"恶"，最后一定深受"恶"害

那么，为什么作为子女，我们要体察父母的生活环境呢？

前两天微博里朋友们讨论得非常好，大家都认为不应该一味死学去暖被窝，而是要考虑到出发点，是因为爱父母，有孝心，所以做出关爱父母的举动。

可是我们为什么要孩子了解这些呢？我觉得，是因为我们缺少这方面的教育。

这是一种能力，就是"体察温暖"的能力。

我总是讲，我们这个世界是一个整体，我们的生活，依赖于周围的一切。如果我们能意识到这一点，对生活中很多问题的态度就会有根本性的改变。

比如有一天，我买了一个敲经络的小锤子，塑料的，头上带有小刺，上面有个小弹簧，才两元钱。我就想，这个东西，需要工人去制作模具，然后制作，然后运输，然后摆到地摊上，有人叫卖，最后仅仅才卖两元钱，真的要感谢这么多人的工作，才让我能舒服地敲敲经络啊！这样想了，再看这东西，

感觉都不一样了，也非常愿意去给父母多敲敲了。

可是我们现在的孩子，如果教育不得法，就很难有这种感觉。因为都是独生子女，家长非常宠爱，看到孩子的笑脸，家长简直愿意为他们付出一切，这是很多家长对我讲的原话。而家里的老人，常常更加溺爱孩子，这样就给孩子建立了一个完全的付出环境。

这就容易出问题了，孩子会觉得一切都是为了他存在的，这是自然而然的事情。很多现代教育理念讲究家长和孩子在人格上平等，这是对的。可是为什么在中国这种理念会受到欢迎？因为家长特别希望打破之前的"家长为尊"的状态，为自己对孩子好找到理论根据，正好两者符合，所以这种理论大行其道。但是这个理论通常只是家长拿来作借口而已，并不是真的学习应用。部分家长讲的是平等，实际上做的，是"孩子尊，家长从"。

比如《弟子规》里面有句话，叫"父母呼，应勿缓"，其实现在大多数家庭，是"孩子呼，应勿缓"。孩子只要一叫，爷爷奶奶、爸爸妈妈立刻全到位："宝贝你要吃点什么？"可是当全家该吃饭了"父母呼"的时候，孩子是可以继续玩耍，根本不需要按照你的时间表走的。前些日子新浪搞活动，请我回答网友们关于孩子健康的问题。我发现，绝大多数孩子的身体问题，都是由于饮食不当、脾胃失调，导致正气不足，外邪才来侵袭的。表面上看是感冒、咳嗽、鼻炎，究其根本，则是喂养失当。那么喂养为什么会出问题呢？就是家长过分宠爱，由着孩子来吃导致的。

当孩子觉得这世界的一切就该是为自己准备的，一切都该顺着自己的时候，就容易形成心理定式，将来长大了，受苦的却只能是他自己。

举个例子，曾经听一个朋友讲，他介绍一个朋友的孩子去某单位上班。结果刚去一周多，这个孩子就辞职不干了。他大吃一惊，因为现在工作多难找啊，大学毕业生太多了，就业岗位只有那么一点儿，为什么如此轻易就不干了呢？问孩子原因，居然是因为单位的老职员总是让他去干杂活儿，比如复印什么的，他觉得没有前途。

其实，刚到单位，要熟悉很多事情，干这些杂活儿，都是熟悉的过程。如果你用心，怎么可能一辈子复印呢？究其根本，是这个孩子觉得大家都没有像家人那样宠着他，都把他当作普通人，给他各种杂活儿去干。结果他还是选择辞职回家，跟父母要钱，然后去各种店里买东西。据说这些日子又买了很多东西，我想可能是在花钱的商场，他能得到一种上帝般的尊重。

社会上这样的年轻人还是很多的。那么为什么会这样呢？我觉得，至少从一个角度可以解释，就是他们可能缺乏"体察温暖"的能力。

设想一下，他如果这么想：介绍我去工作的那位叔叔真让我感激啊，他在社会上打拼了那么多年，认识了那么多朋友，正好公司又缺人，这是多么好的缘分啊！这个公司，有几百人之多，他们居然能在一起协调工作，让这个公司如此好地运转，这似乎是在等着我啊！感恩，感恩。

如果能够这么想，**珍惜自己身边出现的善缘，则可能观察问题的角度会有逆转。**可是为什么他不会这么想呢？为什么他没有这个能力呢？

重要的原因之一，我想是他的父母从来没有培养过他"体察温暖"的能力。

我们这个社会复杂极了，每天在你的周围，都是有善有恶。如果你只会观察体悟"恶"，则世界在你眼里可能都是坏事儿；如果你再回馈"恶"，则世界就会朝着恶的方向发展。如果你能尽量多地体会"善"，感受温暖，则你眼中的世界会是美好的；你如果再回馈美好，则你的人生会很幸福。

但是，这两个能力却不是天生的，很大程度上，取决于我们的教育。

我常说，**家庭就是一个社会的演练场，孩子与父母之间的互动，很可能会极大地影响孩子将来与社会关系的互动。**

不要奢谈感恩，感恩也是需要能力的

父母养育孩子是非常艰辛的，从婴儿时期的一把屎一把尿，到夜里的无数次起床喂奶，到孩子生病时去医院的奔波，没有一样是不辛苦的。虽然他们看着孩子的笑脸就觉得有所回报了，但是，过程还是艰辛的。对于这种艰辛，绝大多数父母可能从来没有想要回报，实际上我总是说，我们也无以为报。但是，感恩之心却是必须有的。

现在，大家常说"感恩"这个词，我要提醒大家的是：感恩也是需要能力的，至少，你需要体察到对方的温暖与付出，才会感恩。如果连体察的能力都没有，则会无视对方的付出，还谈什么感恩呢？

如果一个人无视对方的付出，觉得一切都是应该的，所有人都应该自然而然地对他好，那么，当别人稍有差池，这个人立刻会发现，会体察到恶，于是觉得别人对不起他。也就是说，他很快会生活在挑别人的错的日子里，最后生活得越来越糟糕。

这就是为什么在父母溺爱的环境中长大的孩子，最后往往会特别痛恨父母的原因。

我曾经亲眼在一家商场见到一个十六七岁的女孩子，站在手机柜台前，对她的母亲哭闹着大喊："我只要买苹果，其他的都不要！你不给我买苹果手机为什么还带我来？！"当时她的气势恨不能把她妈妈掐死，周围的人都愕然。这样的事情别的地方也发生过。很多朋友都说："其实这些家长一点儿都不可怜，因为孩子都是他们给惯出来的。"

古人提出要观察父母的生活环境，努力为父母改善。为什么这么讲呢？这是提醒孩子，要了解父母对自己成长的帮助，要对此有所了解，这是世界给你的一种温暖，对这种温暖要有所体察；体察到这种温暖后，你才有能力去体察父母现在的生活状态，知道他们的生活条件好不好，哪里需要改善。

我小的时候，家里生活条件不好，如果有鱼吃了，那就是大事儿。每次把小鱼煎好，父母都把鱼肉给妹妹和我吃，自己则吃剩下的鱼头，所以很长一段时间，我一直认为父母是真的只喜欢吃鱼头。后来懂事了，才明白父母是想让我们多吃。这种事情想起来，只会让我对父母更加感恩。

曾经看过一则新闻，孩子在大学里面生活无忧，可是父亲却在拼命省吃俭用，去拉三轮车赚钱供养孩子。这样的事情，随处可见。

我曾经出差去温州，在酒店看到一则新闻，一位拾荒的老妇人在深夜两点被摩托车撞伤，车手逃逸，路人无人过问。后来一辆出租车又将老人撞出六米多远，腿部粉碎性骨折。送到医院后，记者才得知，这位老人来温州拾荒，是为了供儿子读大学。深夜两点还在拾荒，可见其艰辛。看了报纸，我当时泪如泉涌，马上赶去医院看望老人。后来网友还热情捐款，帮助老人渡过难关。而老人的儿子也非常优秀，一个在读，一个是乡村教师。可是乡村教师还欠着读书的债务，令人心酸。

这样的事情，让我们感到父母的爱是多么伟大。但是，对于他们的付出，我们是否体察到了呢？

古人提出"冬则温，夏则凊"，是让我们体会父母的爱，然后再用爱去温暖父母。

这是一种良性的互动。在这种教育下培养出来的孩子，能体会到世界给自己的温暖，并以自己的努力去与这种温暖互动，发出自己的爱。这样的互动，才是真正的人格上的平等。

这样的孩子，决不会一味索取，稍有不满足，就与世界为敌。**要记住，毫无感恩之心的索取，并非平等。**

这样的孩子长大了，也能体察到世界的各种温暖，然后与周围的人互动，使自己与周围的关系逐渐变得和善。这样的人，生活应该是幸福的。而这一切，很可能就源自他童年时期受到的教育。

所以，"冬则温，夏则凊"并非是让人去暖被窝，而是古人培养孩子"体察温暖"的一种方式。是要求孩子体会父母的付出，然后用自己的温暖去与父母互动的一种方式。这种小小的互动，会引导他一生走向阳光。

"体会到身边的温暖，并将这种温暖传递给世界"，这是一种能力，在人生中，这种能力至关重要。

讲到这里，我们该体察一下了：雾霾天，我们给自己的小家庭买了空气净化器，给父母买了吗？父母的呼吸系统薄弱，可是更需要呵护的啊！江南冬天冷，父母有没有为了省钱而不使用电暖气？这会不会引起心脑血管的问题？父母每天电话里有没有对我们报喜不报忧？他们每天吃的药都是什么，我们是否清楚？……需要我们去做的，可能还很多。

我们做好了，再解释给孩子，让孩子背诵《弟子规》，这种教育则自然鲜活有力，相信孩子也会乐于效仿的。

课后练习：

父母是孩子最好的榜样。阅读本文后，建议你平时看望父母或者照顾父母时带上孩子。给老人买东西时可以带着孩子一起挑选，甚至可以让孩子帮你一起照顾老人，比如让他（她）做给老人端水、拿衣服、盖被子等力所能及的事。他（她）每做好一件事你都要及时表扬，还可以给他（她）一个拥抱和亲吻，以示鼓励，让他（她）知道这样做非常好。你的一言一行就会影响孩子的言行，慢慢地他（她）也会想到要照顾你。

06

做一个早晚问候一下父母的人

> 晨则省，
> 昏则定

心中有对父母的爱就行了吗

"晨则省，昏则定。"这句话是什么意思呢？这句话是糟粕吗？这里面有什么道理呢？

这句话的第一层意思，是孩子要有这样的规矩：在早晨的时候，要问父母"早安""您早""您起床了""早晨好"等话语；在晚上睡觉前，要问候父母"您要休息了""好好睡一觉""晚安"等话语，来表达自己对父母的关爱。这一般是指年幼的孩子对父母的问候。

然后，这第二层意思有所引申，是说晚上要为父母侍候寝具，早晨要侍奉父母起床。我觉得这应该是指成年人对年老的父母的照顾。

现在，甭说侍奉起居了，单单是早晚问候，可能很多孩子都做不到。所以《弟子规》的这种要求基本是现代人难以做到的。我们就单单谈这个早晚的问候吧。这种问候有必要吗？很多人讲，我们现在讲的是自由，他们心中有对父母的爱就好了，我们有必要要求孩子每天按照这个规矩去做吗？这不太死板了吗？这不会压抑孩子的天性吗？每天要求孩子这样，是不是显示了孩子与父母的人格不平等？这是我每次在写《弟子规说什么》的时候，很多朋友心中都有的疑惑，所以在之前的微博讨论中，总是有人提出这样的问题。

那么，为什么古人会这样要求孩子呢？

据说，孔子的弟子曾子就对父母特别孝敬，做到了晨则省，昏则定。这在汉代的书中就有记载。当时有位叫陆贾的人，在他写的《新语·慎微》中记载："曾子孝于父母，昏定晨省，调寒温，适轻重，勉之于麋粥之间，行之于衽席之上，而德美重于后世。"这位曾子，就是著名的"曾子杀猪"故事的主人公。他的妻子有天去市场买菜，儿子非哭闹着要跟去，于是他的妻子就说："你乖乖听话，赶快回家，如果你回家了，晚上我杀猪给你吃肉！"曾子的儿子一听，有肉吃？这好啊！于是，不哭闹了，乖乖地回家等着。等到曾子的妻子买好了菜，回家一看，曾子正在那里杀猪呢。妻子大吃一惊："这可是过年才吃的啊！我刚才是哄这孩子，骗他呢，你怎么真的杀猪？"

曾子说:"不能这么教育孩子啊!孩子一切都是空白的,大人教他什么,他就记什么;你怎么做,他就怎么学。如果你骗他,他就会学会欺骗,这样怎么能教育好他呢?要说到做到,这样才可以做孩子的榜样。"于是,晚上全家人吃了猪肉。

很多人说儒家培养奴性,让孩子与家长没有平等的身份,没有平等的人格,应该抛弃。那么,各位看看曾子的作为,是在培养孩子的奴性吗?这是多么尊重孩子啊,甚至连一点一滴的小事都以身作则,对孩子做出的最微小的承诺,都要去完成。这种尊重,我们今天能做到吗?

那么,做人如此严谨、对孩子教育如此认真的曾子,为什么要做到"昏定晨省"呢?这句话,真的是出自曾子的故事吗?

答案是否定的,这句话并非出自曾子的故事,曾子也只是实践者而已。那么,这句话出自哪里呢?

这句话,与我们前面聊过的"冬则温,夏则凊"一样,出自《礼记·曲礼》:"凡为人子之礼,冬温而夏凊,昏定而晨省。"

所以,这也是古人对作为子女的人的一种基本要求。

把善的意愿表达给他人,这是生活的一种能力

那么,古人这么做,到底有什么道理呢?

很多人说,我对父母心中有爱就可以了,不用这么刻意地表达出来。这么表达,就虚伪了。真是这样吗?我先从一个例

子讲起。

以前我刚进一个单位的时候，我的同事中有个小伙子，他工作能力还不错，就是为人比较冷漠。你同他说什么，他就只是简单回答，没有任何多余的话，眼神里也没什么热情。我在很长时间内都以为他对我有意见，反思自己，也不知道哪里得罪了他。后来发现他对别人也是这样，也就不大在意了。再后来，与他聊天，发现他其实和我们一样，都是正常人，没有经历过什么刻骨铭心的事情让他愤世嫉俗。他有个特点，就是只有在与自己同龄的、聊得来的几个朋友说话时才开心，还会哈哈大笑，只不过仅限于他那个小圈子。除了在那几个人的圈子外，他不大会与人进行情绪上的沟通。他们聊得热火朝天，你过去问怎么了，他立刻耷拉眼皮回答："没什么。"让你立刻觉得他对你很有意见。

说实话，当时他很有才，工作也出色，就是人缘不大好。记得当时我一看见他，心里就会咯噔一下。

我觉得这就是不善于沟通感情。工作都做了，对别人也没有恶意，但是你不与大家沟通，不对大家表示友好，就会让大家产生隔阂感。估计这与他小时候形成的习惯有关。虽然这个例子极端，但是我确实见过这样的。

人是生活在社会中的，需要互相协调；如果缺乏沟通，则会有无限的不快。

所以，在生活中随时发出善的能量，把善的意愿表达给他人，这是一种生存的能力。如果你能这样，则生活会幸福很多。

看过一个故事，说曾经有乞丐问佛陀："我为什么这么贫穷呢？"佛陀说："那是因为你没有布施，有舍才有得。"

乞丐一听，鼻子差点儿没气歪："我还布施？我穷得都乞讨了，拿什么布施？"

佛陀说："你即使穷得乞讨，仍可以做钱财以外的七种布施：你用真诚的心去对待别人，关心别人，这叫心施；你用慈悲的、鼓励人的目光看别人，这叫眼施；你用慈悲、温暖、鼓励人的话语对别人说话，这叫口施；你用慈祥、温暖的面容对别人，这叫面施；扶人一把，叫身施；给人让个座位，叫座施；给无家可归的人让个睡觉的位置，叫房施。所以，即使你没有钱财，依然可以做这七种布施。"

这故事说明**修行不在高山之巅，它就在你生活和工作中点点滴滴的与人为善中。随处发出善的能量，你就是在修行**。

这种修行，是人生最重要的一课。

反观我们自己，虽然没有前面那个小伙子那么极端，但是处处与人为善，仍然做得不够。

养成善的习惯，生命就会少很多负能量

那么，我们怎么能做到尽量处处发出善的信息呢？

我讲过，家庭是未来社会生活的演练场，你在家里用什么样的态度对待家人，未来走向社会，就可能用什么样的模式对待别人。所以，古人要求对父母每天问候，实际是让孩子学会对人发出善的信息。

有人说这是培养奴性，错了！因为《礼记》写的内容主要是写给大人看的，当你成人了，要对年老的父母每天嘘寒问暖，这可绝对不是"下对上"的献媚，而是对年长者的爱护。总之，无论是要求孩子还是成人，究其核心，都是在家庭里发出善的信息，来温暖家人。

所以，说曾子"孝于父母，昏定晨省，调寒温，适轻重，勉之于糜粥之间，行之于衽席之上，而德美重于后世"，他的修行在哪里？就在对父母的问候中，在给父母熬粥的过程中，在为父母准备被褥的过程中。我更相信，这是描写成年曾子对老迈父母的侍奉。可是，他为什么能做到对父母如此细心？我相信这应该是小时候培养的。所以，这段话的核心讲的是家庭成员之间，要发出善的信息。

那么，第二个问题来了：为什么非要求早晚各一遍？难道这不迂腐吗，这不死板吗？

这是个大问题，现代人可能不大理解。我们常见佛教的修行者，诵经每天要诵读好多遍，拜佛有自己的仪轨（即礼法规矩），特定的程式，特定的时间，等等。很多人会说，佛在心里就可以了，讲究这些不死板吗？

其实，这是仪轨的重要性。

我们一直以为自己心里有就可以了，不必表达出来。但是，我们都是凡人，你敢保证你心里一直会有吗？不会丢失吗？

我举个例子，很多人知道体育锻炼的好处，但是，你能坚持吗？

无数的人下了很大的决心，发誓跑步锻炼，结果跑了三天，就把球鞋扔到鞋柜里了；很多人游泳了几天，然后就想："还要特意跑那么远到游泳馆，还要换衣服，还要淋浴，太麻烦了！"于是，就把游泳衣压在了衣柜下面。

有时候，我们想问候别人一下，可是事到临头，却想：他也没有看见我，我就别主动了。或者想：反正我心里知道就可以了，我们关系也不错，没有必要特别问候了。于是，就忽略过去了。

家人之间也是如此。对父母，我们会想，反正父母就是父母，我们不问候他们也是爱我的；对妻子、丈夫，我们会想，反正都是一家人，问不问候也差不多，不必讲客套了……

一点一点忽略，慢慢地就忘记发出善的信息了。

我们用心理学的研究来说明此事。

有研究者把一群人随机分成三组：第一组面前放着美味的曲奇饼干，但是告诉他们，尽管垂涎欲滴，但是要克制自己，不去吃；第二组面前也是曲奇饼干，但是告诉他们可以随意吃；第三组面前什么都没有。

过了一段时间，给三组人同样的题目，无解的难题，根本没法找到答案，让三组人去解答。

那么，结果是哪个组坚持的时间最短呢？

答案是：看着曲奇饼干，但是却没法吃的那一组。

其他两组，都坚持了很长的时间。

这说明，第一组要抵抗诱惑，消耗了心理能量，所以到后面坚持不住了。

有心理学家说，你要做一件事情，如果思考难做的地方，考虑如何克服各种障碍，到底是否值得做，仅仅过了二十秒，这件事情就很可能放弃了。

我们的人生就是由这些细节构成的。无数的事情，我们都是在消耗了心理能量之后，放弃去做的。仔细考虑下来，不知道放弃的事情有多少，错过的机会又有多少。

所以，各位还真别以为自己的毅力有多强。心里想的，到时候就会去做。未必的。就是一个简单的问候，都有可能因为种种情景、种种念头，而不去做的。

那么，我们该怎么办呢？怎样才能尽量少消耗心理能量呢？

方法之一就是养成习惯。

古人就规定了仪轨，即一定的仪式，或者叫规矩。这种规矩，是由不得你多想、大家都会催促你去做的。不用想为什么，去做就好了。仪轨，有助于我们养成习惯。

古人认为，这种仪轨，你坚持了，就会养成习惯；以后，做起来就会顺其自然，就自然融入你的行为中了。这样可以极大地减少损耗的可能。

仪轨是不断地提醒你，去强化某种想法的一个工具。

这也是"礼"出现的原因之一。"礼"也是一种仪轨，古人认为"礼"是内心德行的外在表现，是一个承载的平台。讲明白内心的动力，再去讲"礼"，"礼"就变得很合理了；如果不讲内心的理解，单纯去追求"礼"，则会让大家不知道为什么要这么做，所以会反感。

但是这种事现在给大家讲，很多人是不相信的，我们必须用现代的语言来解释。现代心理学家研究了行为对心理的影响，甚至研究了对人体结构的影响。比如，伦敦有种黑牌子出租车，这种出租车的驾照非常难考，伦敦有几万条迷宫般的街道，司机需要对此非常熟悉，才能考到驾照。而研究者对黑牌子出租车司机的大脑进行了影像学检查，发现与其他司机相比，这些黑牌子出租车司机的大脑中，负责空间定位的部分明显增厚，这说明反复重复的行为，对大脑结构产生了影响。

这也是习惯的生理基础。当你重复一种行为，无论是被迫还是主动，最后都是在强化大脑神经相关通路的传递与连接，这一定会形成生理性的改变，使得你重复做这样的行为更加容易。

我总是借用这些例子来说事，其实，我就是想说一个大家都可以理解的道理：我们不要太相信某个问题自己理解了，就会按照这个原理去做事。我们不要太自信。更多的时候，是我们理解了，但是因为各种小小原因的阻拦，就不去实践了。可是，如果通过什么形式让我们养成了习惯，我们就更容易去贯彻执行。

我们总是觉得西方是自由的，他们不讲究形式的东西；形式的东西是我们东方的。其实，你看西方人生活中，虔诚的基督徒在每次吃饭前要感恩，大家一起感谢上帝赐予他们饮食。这是什么？这就是仪轨，非常好的仪轨，它可以令人心态平和地吃饭，可以让人的心充分地重视眼前的食物，这是多么好的事情啊！要知道不带负面情绪、认真地吃饭，对健康是有着非常大的好处的。

有些人，根据自己的想象，虚构了一个完全自由、没有形式束缚的西方社会，然后按照自己虚构的内容，推论出了自己的育儿体系。我想说，这样是有风险的，因为育儿的结果很久之后才可以看到。可是，当看到了误差，想修改，那可能就是一生的事情了。多研究些传统，看看有什么可取的，应该才是更有益的。

再说东方，前面我讲过日本"经营之神"稻盛和夫先生，白手起家创办过两家世界五百强企业。他说，他小时候，父母曾经带他到一位僧人那里，僧人说了些祝福的话，然后告诉他每天晨起都要双手合十，念"南无，感恩"。从此他每天坚持，直到八十多岁还这样做。这也是仪轨，令你每天晨起，就想起感恩，就会有一种积极的心态。这样生活，就会少很多负面情绪。稻盛先生说这是他生活的秘诀。

但是，如果没有这种仪轨，你完全凭自己的内心去升起积极情绪，我觉得很难实现。

讲到这里，我们再来看《弟子规》要求的早晚对父母的问候，其实这就是一种仪轨，让你对身边值得尊敬的人表达善意的关爱。如果真的能坚持，我相信这会深入到孩子的行为中，他会更容易发出善的信息。将来成年后，他也会是一个容易发出正能量的人。

你怎么做，你的孩子会看在眼里，学在心里

《礼记》里面写的内容并非只是针对孩子的。对于成年人，我们今天能否做到每天问候年迈的父母？我看未必。很多人常年在外工作，很久都不给父母打一个电话。要知道，父母电话里说自己不想念孩子，其实心里无比思念。那么，我们能否及时打个电话给予父母关爱呢？你怎么做，你的孩子会看在眼里，学在心里。

前段时间，看到一位乡村记录者写的回乡散记。他拍了很多照片，其中一张，一位老奶奶自己住在破房子里，家徒四壁，自己用小塑料桶走很远去挑水，照片看得人想落泪。而她

的儿子，就在不远处住着，却不来照顾老人。据说前几天村里的另一位岁数更大的老人喝农药自杀了。一位学者评价说，以前讲孔孟之道，年轻人不孝，有舆论压力，有族人的谴责；现在孝道彻底被否定了，仁义礼智信没有人讲了，民间几千年留来的淳朴的根基正在被动摇。我看后心情很沉重，很想流泪。

所以，重拾文化传统，让我们的社会有个最基本的道德底线，在我们这一代显得是多么重要。很多人都喜欢看韩国电视剧《来自星星的你》，据说在中国的网络点击量上亿了。为什么我们中国人如此喜欢看韩剧？除了俊男靓女，可能我们最喜欢看的，是那种我们已经快要失去，而他们那里还保存完好的那些传统文化的影子吧？比如那种对长辈的鞠躬问候，我们看着，似曾相识，倍感温暖。

早晚问候一下父母，这其实是很小的事情。但是，你做或不做，日后收获或许不同。

课后练习：

阅读本文后，你可以尝试和孩子做这样的沟通，以对本文内容进行实践：和孩子约定好每天早上起床后和晚上睡觉前要问候你和家中其他长辈。如果孩子能做到，你应该及时拥抱他（她）甚至可以亲他（她）一下，让他（她）感受爱的氛围，知道这样做是非常好的一件事。这样做既能增进亲子感情，还能帮孩子养成好的行为习惯。

07
不令父母心安就是不孝

> 出必告，
> 反必面

父母对我们的担心是一辈子的

"出必告，反必面。"这句话的直接意思是：孩子在出门的时候，最起码要告诉父母一声，与父母打个招呼；在回来的时候，也要面禀父母"我回来了"，让父母知道。

我刚开始与大家聊《弟子规》的时候，有一些朋友不理解，觉得这些东西都是糟粕啊，早该扔掉了；都是培养奴性的封建规矩，怎么能学呢？可是，我看网友的留言，对这句话，大家的意见还是比较一致的，都认为应该这样，这是最起码的规矩。而且，在自己的家里，也都是这么做的。

那么，为什么要"出必告，反必面"呢？

我先给大家讲件小事。记得二十几年前，还没有手机和传呼机，传递信息很不方便。那个时候，我妹妹刚刚大学毕业，分配到一家音像制作公司。有天下班晚了，北方的冬天天黑得特别早，很早路上就没有行人了。那时公共汽车不像现在这样运营很晚，晚上七八点钟有的线路就收车了。我妹妹不知道，结果到车站发现没有车了，于是就开始往家走。这时，家里已经乱了。我父母发现她没有按照往常的时间回来，就打电话给单位，单位没有人接，也联系不上她本人。他们心急如焚，无数次到街口眺望。母亲害怕妹妹遇到了什么危险，甚至想要报警。可见当时她的压力有多大！最后，到很晚了，妹妹才回来。她说多亏在路上遇到一个骑自行车的小伙子，看她走得艰难，于是停下来问她，是不是没有车坐了，如果没有，愿意用自行车带她回家。

那时候的人都比较淳朴，这样的热心人也很多。于是，妹妹就坐在这个小伙子的自行车后座上回到了家。最后这位助人为乐的小伙子连名字都没有留就走了。这个温暖的事情，我至今记忆犹新。

我讲这件小事是想说：这个世界上，谁最关心孩子？当然是父母。对孩子的安危，父母时刻都是惦记在心的。所以，这句"出必告，反必面"的一个核心是"安危"。孩子出门的时候，告诉一下父母去哪里，与哪位朋友出去，父母心里不但知晓了孩子的行踪，还会考量安全程度。比如小孩子去河边玩，按照他自己的意愿，那是最快乐的地方，没有问题的。可是，那里恰恰是最容易出危险的地方，所以家长就会阻止，或者提出陪着一起去。这是"出必告"的好处，对孩子来说，这是家长对孩子的一种保护程序。

因此，对于年龄不大的孩子来说，"出必告"意味着"保护"。孩子与父母对事情的评判标准不一样，在出门的动机、目标方面，家长可以帮助孩子把关。

那么，这句话是从哪里来的呢？原来，它也是从《曲礼》中来的。《曲礼》里说："夫为人子者，出必告，反必面。"而《曲礼》并非是写给孩子的，这句话的对象是人子。只要你的父母仍健在，你就是"人子"，就要遵守。所以大家千万别以为这个内容是规定儿童行为的；对成年人，它更加适用。

那么，大人为什么要"出必告，反必面"呢？我们有判断事物的能力了啊，父母为什么还要事无巨细地知道呢？

当你是个成年人时，你的父母老了，这句话的核心就不是"安危"，而变成了"安慰"。中国话很有趣，音调一拐，含义就不同了。

父母对我们的关心是一生的，无论我们多大了，在他们的眼里都是孩子。他们无时无刻不在惦记着我们的平安。比如，以前母亲经常给我打电话，每次都是讲些要在外面吃好、注意自己身体的话。记得有一次，母亲突然一大早给我打电话，反反复复告诉我，要注意安全，要注意不要吃不好的东西，等等。讲得太多了，我很不耐烦，就问："干吗讲这些啊？"后来母亲吞吞吐吐说了缘由，说是晚上做梦，梦到我就像小时候一样还是个孩子，她带着我去山里玩儿，结果我走丢了。母亲哭着喊着到处找，漫山遍野地找，无论如何都找不到，结果哭醒了。于是开始担心我，马上拿起电话问我是否一切都好，甚至开始想这是不是什么预兆。我立刻明白了，赶快开解母亲，我一切都好，那只是一个梦，不要担心。

大家看看，这就是母亲的心。她随时在担心孩子的安危，连做个不好的梦都会担忧。虽然我们长大了，但是我们自己在外面工作，社会如此复杂，其实父母的担心，可能一点儿都不比我们小的时候少。

所以，这种时候，如果我们与父母住在一起的话，我们出门确实需要告诉一下父母：去了哪里，与什么朋友见面，大约什么时间回来。如果没有回来，也要打电话告诉父母一声，否则父母会担心。我们告诉他们自己一切平安，这是一种安慰。如果我们不与父母住在一起，甚至不在一个城市，那么，就更需要经常打打电话，告诉父母我们一切平安，免得父母担心。反正我现在是必须保证一两天就一个电话，有的时候是每天一个，聊几句。别小瞧这几句话，它可以令父母心安。

有的时候我会一天打几个电话，母亲一接起电话，就会笑着拉长声音说："怎么又是你，不花电话费啊？"

其实，我只是想让父母感觉，我就生活在他们身边。虽然不在一个城市，但是我们距离很近，从未分开。

活在"关爱的网络"里，我们才可能从优秀到卓越

那么，"出必告，反必面"仅仅是这些道理吗？还有什么更深刻的含义呢？让我们来更深入地聊聊。我总是觉得，古人很多智慧内容很深，如果不仔细思考，可能我们会觉得太寻常了，其实，蛮深的。

"出必告，反必面"这句话，究其核心，就是确定方位，告诉别人我自己在哪里。那么，我要问的是，我们告诉的对象，是什么人呢，是陌生人吗？

一定不是的，是自己最亲近的父母。那么，我们为什么要不断地把自己的行踪告诉亲近的人呢？

这是一个值得深思的问题。答案是：我们在建立一个"关爱的网络"。

人类是社会型的动物，有着自己的社会关系，或者说，我们生活在自己的圈子里，这个圈子的核心层包括：父母、配偶、亲密的朋友。这个圈子里有我们生活中最亲密的成员，我们随时与他们关爱互动着。关爱的内容包括"方位"（"出必告，反必面"就属于方位的关爱）"情绪""健康""饮食"等方面。对于这些方面，我们平时随时问候一下，有了问题，立刻会有人来支援。比如你生病走不动了，就会有亲人朋友愿意半夜开车

拉你去医院；你突然有了情感问题，就会有人愿意陪伴你，听你倾诉。这些都是"关爱的网络"的好处。

这种互相关爱的圈子，不但可以在生活中互相照顾，而且在疾病康复中也有极大的作用。国外的医学研究发现，心脏病发作后六个月内获得情感支持的人，活下来的概率比其他人大三倍；而参加乳腺癌支持小组会使患病女性术后寿命增长一倍。

这种圈子最小的结构是父母与配偶。研究表明，单身者要比在婚姻状态的人寿命明显缩短，患病概率也会增加。

不仅如此，在职场中，这种扩大版的互相关爱的网络，也令人更容易走向成功。美国著名的管理研究专家柯林斯写了本书叫《从优秀到卓越》，他在一千多位成功的专业人士退休时，对他们进行了采访，询问在整个职业生涯中什么最能激励他们，大部分人的回答是：友谊。他们爱他们所从事的工作，很大程度上是因为他们热爱跟他们一起工作的人。

那么，我们为什么会有这样的"关爱的网络"呢？

很大程度上，这取决于我们平时良好的沟通。我们会互相询问对方：身体如何了？最近你都在哪里啊？感受如何？都在做什么？需要帮助吗？

这种互动，令我们与亲人或者投缘的朋友结成"关爱的网络"。在这样的圈子里，我们感觉温暖，而这恰恰是我们生活在这个世界上最需要的。

在我们的生活中，常会见到两种人。一种是平时乐于沟通，所以人缘非常好，朋友多多，生活得比较滋润；另一种是平时独来独往，不善于与其他人沟通，很少有朋友，常常难免孤单寂寞。那么，为什么会有这样不善于沟通的人呢？很大程度上，是因为他们缺乏与人进行良性互动的能力。甚至可以说，**这个"关爱的网络"的大小与紧密程度，很大程度上可以反映这个人的沟通互动的能力。而这种沟通能力，很大程度上与儿童时期的培养有关，它并非完全是天生的性格使然。**

我们生活的世界，是一个整体。我们在这个整体里，是紧密联系的。你发出什么，对方就会回馈什么。无论人与世界，还是人与人，都是在这样的原则下运行的。

所以，我们要遵守的一个重要原则：我们想别人怎样对待我们，我们就该怎样对待别人。**我们想让自己在别人的心中处于什么样的位置，很大程度上取决于我们让别人在我们的心中处于一个什么样的位置。**

你仔细观察就会发现，不仅我们做孩子的在出门时会告诉父母我们去哪里了，每次父母出门也都会告诉我们他们去哪里。"我出去买菜，一会儿就回来！"这是父母对孩子经常说的话。是这样吧？其实，这就是相互的沟通。在我们最亲密的"关爱的网络"里，成员之间互相确认方位，互相告知情况，通过这样的沟通，就形成了一个非常紧密的联系。

不会与家庭成员良好互动的人，
在社会上也会失道寡助

在这个亲密的"关爱的网络"里，畅通的沟通是必需的。在畅通的沟通里我们会拥有安全感，我们会觉得舒适；如果沟通不畅，那么我们会感到无助。比如，你妻子一声不吱，独自离家三天了，毫无音讯；或者你的父母突然离家，三天没有一个电话，估计你也会恐慌的，就是这样。

如果你经常看关于大自然中动物的纪录片的话，你可能会发现，这种"关爱的网络"甚至在野生动物世界中也是存在的，尤其是在各种哺乳动物的种群中。很多时候，动物发出的声音，都是在确定彼此的方位，在确认彼此的安全。

那么，为什么说这种沟通能力在我们日后的生活中也很重要呢？

我一再提出，家庭是未来社会的一个缩影，它甚至是一个演练场。你在家庭中与人互动的模式，很可能是对未来走向社会的演练。你儿童时的演练如何，很可能会影响到你未来在成人社会中的发展。

在家庭里，如果能够做到与父母随时互动，出入及时与父母通告，随时拉近与父母的关系，则这种沟通能力就会增强。在未来的社会里，我们编织自己的"关爱的网络"的能力也就同样是强的。

在我们的社会中，经常见到有的人与周围同事关系维护得很好，在离开办公室的时候，会对同事说声："我出去一会儿，很快回来，有电话替我接一下，谢谢了。"同事之间不一定说要去哪里了，但是告知一下要出去了，是非常恰当的。可是，也有的人是一声不吭，不知去了哪里。久而久之，同事会觉得此人完全不在同事圈里，距离感也会因此产生。我见过这样的人，基本上自己的事情什么都不与别人分享，那么别人自然也不会与他分享。这种人给人感觉很"酷"，独来独往，很多人认为这是现代的生活方式。其实，有一天你会发现，这种人很孤独，自己在家里独处，基本没有朋友的温暖。我见到过没有朋友登门的家庭，他们连普通的迎来送往基本都没有，到了需要帮助的时候，连个寻求帮助的对象也没有。

很多人认为国外人的生活就是这样，其实，欧美人也有自己的"关爱的网络"。比如他们的经济生活比较稳定，他们的理发师、医生、周围餐馆的店员等，很多人都会变成他们的朋友，有的甚至会是一生的朋友。这也是一个温暖的圈子。

我非常喜欢住在北京，很大程度上是因为我喜欢北京邻里之间的那种氛围。老北京人，往往家门口遇到，也会热情地寒暄几句："您吃了吗？拎着兜儿这是要买什么去啊？都好吧？"等等。有时候我出门到街口这一路，要打很多个温暖的招呼，随着不断的问候，心中逐渐温暖，觉得自己活得真开心。

这就是扩大了的"关爱的网络"。我们的人生，实在是无法离开它，它令我们感到温暖与安全。我们可能平时没有意识到这个网络的存在，但是，它对我们的幸福来讲，确实是不可或缺的，它需要我们一生的精心维护。

课后练习：

阅读本文后，你可以尝试和孩子做这样的约定，以对本文内容进行实践：每次出门时要告诉对方自己要去哪儿、做什么、和谁去、什么时候回来。如果他（她）要去的地方不安全或者不适合他（她）去，你要及时跟他（她）讲清不让他（她）去的原因，让孩子清楚那样做危险等。你要起榜样作用，出门前和回家后也要和孩子打招呼。当孩子做到了，要及时表扬他（她），让他（她）知道自己这样做是正确的。这样的互动要长期坚持，让孩子形成习惯。

08

要让父母能够随时联系到你，随时知道你的情况

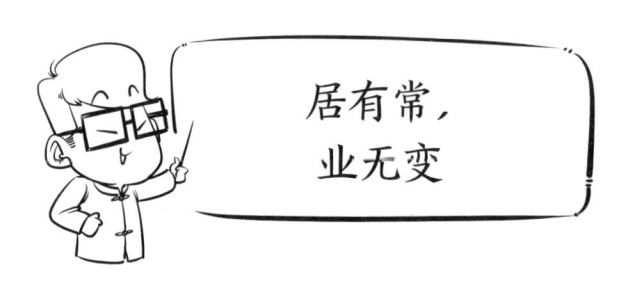

居有常，
业无变

父母的很多病，都是为孩子担心出来的

"居有常，业无变。"这句话的大概意思是：作为孩子，居住的地方不要变来变去，要尽量固定；从事的职业或者学业，也要尽量固定，这样才可以令父母安心。那么，我们该怎么理解这句话的含义呢？当下，社会节奏如此之快，怎么可能不换工作或者学业呢？怎么可能在一个地方一直住下去呢？古人为什么要这么要求做儿女的呢？

首先，让我们来看看这句话的出处是哪里，这有助于我们了解这句话的真正含义。与《弟子规》前面的很多话一样，这

句话也是出自《曲礼》。《曲礼》中讲"夫为人子者，所游必有常，所习必有业。"这里的"居有常"变成了"所游必有常"，那么，这个"游"是什么意思呢？在这里，"游"是出门游学、交游的意思。

聊到这里，我们不禁会想起孔子的一句话，就是"父母在，不远游，游必有方"。

我年轻的时候，非常喜欢远行，当时的感觉是"心远在天外"，总想知道山的那边是什么，总想知道我没有去过的远方还有什么，所以总是远行。

后来，年龄大了，不知道为什么，突然开始体会到父母老了。记得有一次，在家里看到蚊子围着父母飞，父母却因为年龄大了，无法看清，也无法驱赶。当时我心里深受触动，于是开始尽量留在家里。此时才感到自己过去多么不懂事。"父母在，不远游"这话是有道理的啊！

曾经听说有一家人，三个儿子全在美国，事业有成，父母在老家，结果老爷子突然脑溢血，昏迷住院，全是老太太来回奔波送饭。可是有一天，老太太却在家里孤独地去世了，原来她自己也患了癌症。一个人孤独地在家中去世，不知道她最后想的是什么，她的心中是何等悲凉！而丈夫却还在医院昏迷，完全不知道与自己生活了一辈子的妻子已经去世了！我听说之后，很痛心，即使孩子事业发达，又有何用呢？可以说，这件事是促使我回到老家陪伴父母的原因之一。

所以,"父母在,不远游",不管现代派的人怎么说,我始终认为是对的。

可是,这个"游必有方"又是什么意思呢?

很多人在讨论这个"有方"的意思,有的说是"有方法"的意思,是要把父母安置好;有的说是"有方向"的意思,说是要让父母知道你去哪里了;还有的说是"有固定的地方"的意思,等等。总之,这句话成了千古谜团,后世不断考据,大家都想知道当时孔子说这话是什么意思。估计孔子当时也就是那么顺口一说,没想到后世会如此迷惑。如果孔老夫子早知道,该多说几句了。

那么,这个"有方"到底是什么意思呢?

"有方"这个词,在汉代以前,还真是频频出现。

《礼记·檀弓》:"事君有犯而无隐,左右就养有方,服勤至死,方丧三年。"

这里孔子说的"有方",是有方法、有法则的意思。

《礼记·经解》:"是故隆礼由礼,谓之有方之士;不隆礼不由礼,谓之无方之民。"这里的"有方之士",意思是有道、遵循礼仪、讲究行为准则的人。

《礼记·缁衣》:"子曰:唯君子能好其匹,小人岂能好其匹?故君子之友也有向,其恶有方。"这里的"有方"是有原则的意思。当然,很多人认为是群类的意思。

"有方"还有"有我们所不知的缘故"的意思,我就不多引用了。总之，大多是"有方法，有原则，有道，有原因"的意思。这样看，很多人认为的"游必有方"应该是"孩子出游，要有方法，有原则，按照礼仪去交游"，这样想是对的。

但是，我也有另外的证据，比如《礼记·玉藻》："亲老，出不易方，复不过时。"这句话与孔子的"父母在，不远游，游必有方"类似，这话的意思是：父母年龄大了，出门不要随意改变行程与去的地方；约定好的返回时间，要严格遵守，不要逾期不归。

这样理解，这句话的含义就很清楚了。为什么要这么做呢？我们必须回到古代的时候，根据当时的环境来考虑。

古时候交通与通信都不方便，当父母老了，孩子就不要随意出行了，因为如果父母突然健康有了问题，那时候可没有急救车啊！如果有事要出行，要"出不易方"。什么意思？就是出行的方向和位置要对家里说清楚，不要随意改变。为什么要这样呢？因为过去通信不方便，老人有了三长两短，有了危急的事情，他心里要清楚去哪个方向找孩子。过去人出门，晚上会投宿在某个村落，那时候人少，所以只要能大致确定方向，比如向南方走，去哪个城市，家里如果派人沿着这个方向找，一个村落一个村落地打听"有没有一位书生经过啊"，基本上都能问出来，最后追赶上的可能性非常大。这点，过去在农村住过的人都会有感受的，村子里来往的人很少，这个月有几个过路的行客，村子里大家都知道。"上个月村里来了位走方郎中，离开后向南走了，赶赶还能赶上"，一般都是这样描述的。

此时忌讳的是什么呢？无目标地乱走，看到什么好玩的了，方向改变了，这时家里万一有点儿什么事情，可就找不到你了。

所以，这句话讲的是孝心，并非是讲给小孩子听的，而是讲给大人听的。在自己父母年老的时候，应该注意的。

而下面一句"复不过时"与上一句正好相对，讲的是约定好回来的时间，要准时回来。这点也非常重要，当年通信不方便，你说好九月份回家，结果快过年了却毫无音讯，此时父母该怎么想？父母一定以为你出什么意外了，此时的担心，应该是可以想象的。我们中国有很多"望儿山""望儿石"之类的地方，如辽宁省营口市鲅鱼圈附近，就有一个望儿山。这种传说一般都是这样的：儿子出门了，很久没有回来，也没有音讯，结果老母亲每天在门口盼望儿子归来。最后，化成了石头。这样的故事讲起来就让人心碎，真是儿行千里母担忧啊！如果你没有音讯，这是对父母一个很大的伤害。过去农村确实有孩子走了没有音讯，母亲眼睛哭瞎的例子的。

我就曾经在街上见到过一个惊慌失措的母亲，大家都问她怎么了，她说孩子对电子游戏上瘾，不知道去哪个游戏厅了，已经几天没有回家了。她正挨个游戏厅寻找。于是，大家都咋舌不已。现在想想，这样的事情，对父母是一个多么大的伤害。这样的孩子，一定没有受过国学教育，否则不会对父母的担忧置若罔闻，实在是可叹。

从《礼记·玉藻篇》的这句"亲老，出不易方，复不过时"来看，孔子所讲的"游必有方"并没有那么深奥，孔子就是要告诉大家：要关注父母的健康，父母老了，尽量在身边照顾，尽量不要远行；如果你必须出门，一定要告诉父母自己去的方向和目的地，以便随时可以联络到你；约定好回家的时间，千万别逾期不归，那样父母会担心的。这样做，会令父母少些担心。实际上，这是在保护父母的健康。

其实，古人讲的这些经典，很多都是对生活中的小事的探讨。如果真的能从小事做起，人的整体修养也就提高了。

那么，我们明白了这些，再来看《弟子规》的"居有常，业无变"，就很容易理解了。《弟子规》是清代的时候写的，作者并没有因循古代的内容，因为此时，交通已经比孔子生活的时代方便多了，所以作者改成了"居有常"，意思是：孩子如果离开父母生活，出去工作或者学习，要尽量让自己的居所固定，不要游走不定。

为什么要这么做呢？首先，还是要让父母能够随时联系到你，随时可以找到你，随时知道你的情况，这样父母才会安心。这是孝顺的一种体现。

我讲一个真实的故事。有一次，一位学佛的朋友与一个团队到青海的一个寺庙去做医疗援助。结果，他对我说，到了那里，他大吃一惊，一个几年未见的朋友居然在那里修行呢！他说这位朋友已经失踪很久了，所有的人都没有他的音讯，他的母亲已经苦苦找他几年了，真的是活不见人、死不见尸，母亲伤心到已经病了。大家可以想象一下这位母亲的心情，自己苦苦养大的儿子突然人间蒸发了。是遇害了，还是怎么了？毫无答案。她该有多么绝望与悲伤。于是我的朋友劝他赶快给家里打个电话。后来的情况我就不知道了。我猜想这位朋友是怕家人劝阻他修行，于是悄然离去。可是，这样做，对得起家人吗？

我想，他这么做，伤了大家的心，尤其是最亲的人的心。如果他的家人因此而有三长两短，他就是为了自己的修行，最终却造了大恶。

我见过很多父母生病，都是因为为孩子担心而得的。

现在，很多年轻人离家外出打工，很久都不给家里打个电话。其实在工厂里打电话很方便，不过，他们就是没有这个习惯。却不知，父母在家里是多么担心。但是，作为孩子，他们却没有这么想过。

有些城市里的年轻人，给自己的恋人打电话，一打就是两三个小时，这叫煲电话粥。每天必打，不打不睡觉。可是，他们对自己的父母如此关心过吗？如果是父母打来电话，可能还不耐烦地对父母说："怎么总是打电话啊，快点快点，我挂了啊！"有的男孩子，即使女朋友有个感冒，都会煲好粥大老远送过去，还有早晨走遍整条街为女朋友买油条的，可是对父母，他们这么做过吗？

所以，学习《弟子规》并不是要学死板的、教条的内容，永远不搬家？不可能的。我们要学的是思想。我现在所讲的这些，无一不是在讲孝心，讲如何从细节体会，将爱回报给父母。

空间稳定的人更容易成功

"道"的原则是：这个世界是一个整体，你发出善的信息，世界会回馈给你。你对父母这么关爱，为了让父母安心，自己也尽量让自己的生活稳定，你觉得这会减少事业发展的机会吗？我觉得不会。我写过很多古代的中医，发现有的中医一生贫困交加，有的却生活富足幸福。为什么呢？除了生活的时代有动荡与和平的不同，很多时候，也与这个医生自己有关。比如清代名医叶天士，一直在苏州的渡僧桥行医，患者都能找到他，云集而来。所以他不但救人无数，自己的生活也非常富足。因为这种口碑和人脉是不断积累的，所以事业不断叠加，最后有了累积效应。而有的名医，四处奔波，居无定所，虽然医术高明，但是患者找不到他，每到一个地方都是从零开始，最后往往贫困交加，这样的医生，令人感慨。

实际上，"居有常"培养的是孩子获取空间稳定感的能力。这个世界上，有的人心很容易安定，集中精力从事自己的事业。而有的人心总是游荡不定，老话儿形容这种人是"属马的""屁股长尖儿了",坐不住,总是想到处走动。这样的人往往内心不够安定,心总是浮着,这样做事自然不能专心,所谓东一榔头西一棒子的,难以成事。而两者的差别,就在这种空间稳定感上。这有先天性情的因素,也有儿童时期培养的因素。如果在儿童时期,家长能给孩子讲这种安定的重要性,讲为什么要这样做,孩子心中自然会有这样的观念。当他们长大了,这种能力则非常关键。

我们今天工作的节奏非常快,大家都在寻找新的机会,但有时候欲速则不达,反而是静下心来,认真把眼前的事情做好,不断累积,最终比四处奔走的那个收获更大。

所以《大学》里面讲:"知止而后有定,定而后能静,静而后能安,安而后能虑,虑而后能得。"其中这个"定"字,值得我们深思借鉴。

把一件事做到极致就是成功

接下来,我们再讨论这个"业无变"是什么意思。

"业"这个字的本义,是悬挂钟鼓的架子横木上面的大版,上面刻着很多锯齿。"業"字繁体字的字形就是个钟鼓架子。上古时期,能有这种东西的不是一般人家,业越大齿越多,说明家资越丰厚,故"富有之谓大业",基本上从这个锯齿多少就可以看出财富多寡。所以,现在很多地方仍喜欢用这个字。

比如商业、事业、职业、业绩、创业、功业，等等，往往都与财富相关。后来引申到国计民生的行当，叫行业。再引申，才到了学业，现在常见的词语，如肄业、专业等。这个"业"，按古人的想法，也是可以谋生的。

那么，《弟子规》里面说的"业"是指什么呢？

我觉得讲的是事业。但是，按照我们前面对"业"字的理解，其实事业也包括了学业。因为你学习也是为了将来的事业，学习也是事业的一部分，是一个准备的部分。如果你把学问当作一生的事情来研究，那它本身就是事业了。

这样从头梳理，我们就了解了"业无变"的"业"指的是什么，否则总是有朋友在争论到底是"学业"还是"事业"，这就没有意义了。

那么，《弟子规》为什么要说"业无变"呢？

这是在告诉我们：**事业，是需要坚持的。**

经常有年轻的朋友问我事业如何才能成功。当然，我不算成功者，但是我也有心得，我的心得总结起来就是三个条件，符合这三个条件，你就一定会走向成功。那么，是哪三个条件呢？

第一，你一定要选择一个对众生有益的行业，这个行业可以帮助到大家，可以给大家带来意义。

第二，这个行业是你喜欢的，你有兴趣，这里面有你的快乐，甚至它是你的梦想。

第三，如果具备了前面两条，那么，就一直坚持下去，不要轻易更改。一直做下去，一定会走向成功的！

到现在为止，我最欣赏的一句职场格言是：一生只做一件事。无论什么事情，如果做到了极致，你都会到达一个一览众山小的高峰的。

这就如同登山，有的人浅尝辄止，每到半山腰就觉得别的山更高，结果永远都没有到达过山顶；有的人却一直坚持爬一座山，最终才有了更高的视野。

讲个故事。我的一个朋友，大学毕业后，一直在一家船舶公司上班，只是个职员。他的那些大学同学，在二十年里换了无数个工作，很多人换的名片都厚厚一沓了，他却一直坐在那个办公室里。他的朋友形容他：面前的电话，一拨过去就是他接，二十年中，只是号码升级到八位数了，其他的都没有变化。他们公司的员工走了一批又一批，只有他一直在坚持。别人都说他傻，为单位这么一直干，值得吗？别人自己开公司都开了关、关了开，换了无数个牌子了。在大家的嘲笑声中，他还一直在坚持努力。

结果如何？毕业二十年后，他就职的公司改制了，他成了股东，现在是公司的副总裁，每年的分红都是很大的数字，在职场中叱咤风云。而其他同学，很多都还只是个体店的小老板而已。大家此时才开始感慨，原来"一生只做一件事"会很厉害啊！

有人说，在毕业十年同学聚会中，坚持梦想、一直努力向前走的人，可能比较沉默，因为别人都很张扬，都是机遇多多，选择多多，阅历多多，所以都很开心。可是到了二十年聚会的时候，会发现真正发光的，是那些坚持梦想、一直做一件事的人。这种人的成果已经开始显现了，这是很多过来人都会有感受的事情。

所以，《中庸》中说"人一能之，己百之；人十能之，己千之。果能此道矣，虽愚必明，虽柔必强。"意思是：**坚持一件事情做下去，别人做一次就成功的，你做上百次；别人做十次成功的，你做上千次。这么下去，再笨的人，也必定会成功；再弱的人，也会变得强大起来。**

在中医里，对于诊断的水平与层次，古人曾经做过描述，分别是神、圣、工、巧四个层次，我觉得这也可以用于概括我们的工作。一般人把工作就当作普通的赚钱途径，没有那么认真，给钱少我就换，甚至换行业。这样的人，永远无法在一个领域登峰造极。而任何一个行业，你扎根下去，认真地做，不断地改进，最终都会进入"神"的层次。到了这个境界，你就会灵感倍出，思路多多，很多行业的大师就是这个境界的。甚至有人说，到了这个境界，上天都会加持你，你的成就可想而知了。可是，要到达这个层次，需要持之以恒的努力。曾经有位画家告诉我，著名大师齐白石学画之后，只因为生病耽误过几天没有画画，其余的日子，每天都会画画。所以有人说有个

"一万个小时"的法则，就是如果你肯把任何事情坚持做一万个小时，你就一定会成为专家。我想，如果肯用心坚持做一辈子，很可能会进入"神"的层次的。

今天的社会，工作节奏非常快，我们面前的选择很多，此时，心定之人，会更加从容。

那么，我们学了《弟子规》就不能改行了吗？没有那么死板，我们学习的是一种思路，并非死规矩。我不是说过三条职业的标准吗？还有前面两条啊。比如，如果你对这个事业实在没有兴趣，觉得是在受罪，那就别坚持了，对自己的身体也不好。人生短暂，别浪费时间了，换个行业，也许会是你喜欢的。但是要记住，这里面有个风险，很多人换来换去，一生都没有找到自己喜欢的职业，岂不可惜？所以，我常常建议年轻人在就职前多花些时间思考，有时候可以用几个月甚至一两年的时间来思考，决定了，就别轻易更改。

此时，第一条就很重要了，要对众生有益。其实，我刚开始学习中医的时候是很不喜欢的。那个时候年轻，不懂这些道理，只是母亲逼着我学，因为家里的事业需要有人继承，加上想想可以帮助别人，于是我就硬着头皮开始学习。结果一学，一发不可收拾，越学越开心，最后进入了享受的境地，一路学到了现在。

所以，第一条最重要，如果对众生无益，比如贩毒、开赌馆，你再有兴趣，也趁早放弃吧！

聊了这些，我们发现，《弟子规》里面有些内容并未过时，甚至还很有启发作用。"居有常，业无变"这样的内容，其实并不只是孩子才要学习的，我们职场中人，也可以借鉴。如果你现在就在孩子心中种下了这样的思想小苗，可能将来，你的孩子会更容易有个尺度与标准。这样的孩子，会幸福很多。

课后练习：

阅读本文后，你可以尝试和孩子做这样的沟通，以对本文内容进行实践：让孩子选择一项他（她）最喜欢的活动，比如学一种才艺或者读书，每天坚持在固定的时间段练习或者阅读。如果孩子做到了，那么晚上就告诉他（她）"你做得很好"，并给他（她）一个拥抱，或者说几句赞扬的话，让他（她）知道这样做是件好事。这样做除了能让孩子扩展知识、开阔视野外，还有助于培养孩子的毅力。

09

成就一生积极心理的奠基石

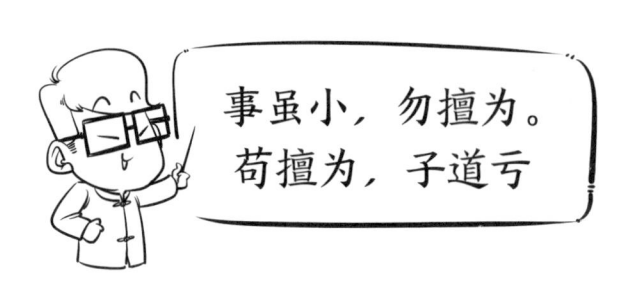

> 事虽小，勿擅为。
> 苟擅为，子道亏

人性的一大弱点：过分关注"大"，嫌弃"小"

"事虽小，勿擅为。苟擅为，子道亏。"这两句话是什么意思呢？我们为什么要教育孩子这些内容呢？

这两句话，其实有几层含义，让我们一点点地来解开其中的奥秘。

"事虽小，勿擅为。"首先值得我们注意的，就是这个"小"字。

我先给大家讲一件去年微博上比较轰动的事。有个游客，在埃及旅游时，在一座几千年前的法老雕像上，发现了中国游客的刻字：某某到此一游。这件事引起了大家的愤怒。结果查来查去，居然是南京的一个小孩子，家长带他去旅游的时候，他随手在上面刻的。而他刻的时候家长之所以没有阻止，是因为觉得这是件"小事"。最后，在大家的愤怒声讨下，这位家长出来道歉，说以后一定对孩子多加管教。

那么，为什么会这样呢？**我们人生中一个很大的问题，就是过分关注"大"，嫌弃"小"，忘记"大"是由"小"构成的。**老子在《道德经》里面说："合抱之木，生于毫末；九层之台，起于累土。"就是这个道理。这个道理可能大家都懂，就是做的时候，眼高手低。我们见过多少人谈论起某某富豪的财富时津津乐道，却忘记了人家的财富是一点一滴积累起来的；我们羡慕某位老人的高寿与健康，却忘记人家的健康是每天节制饮食、坚持锻炼而来；轮到自己，则立刻放松要求，嘴上开始说："如果什么美味都不吃，活那么长有什么用？"

"成大事者，不拘小节"的说法害人不浅

还有一个比较害人的说法，叫"成大事者，不拘小节"。其实，大事无不是由小节构成的。我们中国人，对小节的忽略，让我们吃过很大的亏。比如，在海外的餐厅里高声喧哗，乱扔烟头，随意吐痰等，这简直成了中国人海外形象的抹黑者。有一次我随一个企业的员工乘坐"歌诗达号"邮轮去韩国，我们中国游客在船上吃饭时候的表现实在令我汗颜。因为

船上都是自助餐，到了吃饭的时间，我们的游客蜂拥而至，大家可能是想把船票钱吃回来（因为船票包括餐费），所以拼命往自己的盘子里装食物，很多人装了超出自己食量几倍的食物，看得国外的服务员瞠目结舌。吃过后，剩下大量食物随意扔在桌子上，浪费得让人心痛。

这次出国旅行我发现，礼仪之邦的形象，实际上是大打折扣的。那么，为什么会这样呢？很大程度上是因为"不拘小节"，我们缺乏对小节的教育。在船上，我看到很多家长甚至怂恿自己的孩子这样做。

而在成年人中，这样的不拘小节也非常严重。比如，一家建筑公司的人曾经跟我说过，日本建筑企业的误差，一般只有零点几毫米，而我们的建筑企业的误差，可以达到几厘米。这就是差距。可是我们很多人却会觉得，这有什么？这都是小事啊！我们国家人多，整体实力上去了，别人还是赶不上我们。但是，整体实力从何而来？还是从一点一滴做起的。

我觉得，在制造业，中国有句话最可恶，就是"差不多就行了"。这是很多中国人秉持的态度，这种态度严重影响了我们的制造业。

我曾经问一个合资汽车制造厂的工程师，这个品牌进口的汽车和国内组装的有何差别。他说："太技术化的内容你听了也不懂，但是可以举个细节，某环节的螺丝帽，德国工人就是要拧五圈，一点儿不多也一点儿不少，我们则是凭感觉到头了就可以，四圈半或者六圈都有可能，就是这个差别。"

说得严重一些，这是我们的民族之病，必须严格纠正。而纠正这些内容，我觉得，一定要从小的时候开始。

"事虽小，勿擅为"的第一层意思，就是不要因为一些行为太小了，就随意地去做。**家长要关注小事，教育孩子处处从小事做起，养成好的习惯。**这样将来长大了，才能脚踏实地，一步一个脚印地前进。

做事任意妄为，势必害人害己

那么，这个"勿擅为"是什么意思呢？

再给大家讲个小故事，这是我小时候的事。那时候，我父亲在辽宁大学中文系当老师，我四五岁的时候自然也被送进了辽大幼儿园。我所在的班级叫文艺班，不严格区分年级，年龄大小相近的孩子都在一个班里。每天唱歌跳舞做游戏，生活也算快乐。与同年龄的孩子相比，虽然吃的条件有限，但是已经很幸福了。可是时间一长，就出问题了。我开始感觉每天都差不多，这一模一样的生活，什么时候是个头呢？于是我那小小的忧愁出现了，开始总是盼望到幼儿园外面看看，走到更广阔的天地里看看。这样想的时间长了，就开始有了打算。有一天，我对一个叫焦风雷的小朋友说了我的想法，两人一拍即合。于是，在一天午饭后，小朋友要睡午觉时，我们两人擅自溜出大楼，出了院子，来到大学校园里。当时那个开心啊！四处逛，觉得天地真大，一直到了下午四点多，肚子饿了，开始有点儿发愁了。这时候，邻居家的老大爷骑着自行车直奔我们而来，然后抓住我们，直接送回幼儿园。回到幼儿园后，才知道，下午老师清点，发现丢了两个孩子，整个辽大都轰动了，动员了很多老师出来找。最后这次出逃以被教训收场。现在回想起来真有些后怕，那个年代还算安全，如果是现在，遇到了人贩子，后果何等严重！

那么，这个事情，与《弟子规》里面的"事虽小，勿擅为"有什么关系呢？

这就要看看，这个"擅"字到底是什么意思。

"擅"，《说文解字》解释得很简单，就是"专"的意思，有自作主张、自己掌握把控的含义。

这里来看，"事虽小，勿擅为"首先要考虑的，是家长与孩子的关系。

家长要养育孩子，这个"养"字今天还算容易，吃饱穿暖，基本上算是可以养了。但是这个"育"字，学问可就大了，包括教育孩子、培养他的性情等各方面内容。而孩子的主要任务，就是学习。很多将来生活需要的知识和技能，就是在这个时候习得的。

所以，这个时候家长的教育，会涉及孩子的方方面面。所有孩子将来生活需要的技能，都要教给孩子。千万别嫌烦，不教还真不行。此时，孩子做事，要尽量向家长学习，不要自行去处理，要随时有大人指导监督才好。

这样做，首先是为了安全。

我们家邻居有个小男孩，当时也就三岁左右。有天家长做菜时去接电话了，孩子就自己走到厨房，踮起脚，伸手去动正在炉子上的油锅，结果锅翻了，一锅油洒到孩子的脸上。当时这家人急得直哭，全家乱作一团，赶快送去医院。还好，现在孩子已经几岁了，脸上没有大的问题。但是回想起来，还真令人心有余悸。

这件事情的发生，就是因为孩子对很多事情还没有经验，没有分寸。现在很多教育理论说要由着孩子自己成长，一个最典型的例子就是说外国人育儿，孩子爬树，家长根本不管，看都不看，让孩子自己去探索。我觉得这是最害人的胡说八道。家长可以让孩子探索，但必须是在家长知晓的情况下，在家长的救援能力可以达到的情况下。没有一个家长昏头到完全不管。

实际上，孩子本来就喜欢探索，但如果没有家长的监护，就会出各种危险。我小的时候曾经对电源插座好奇，决定自己去试验，于是嘴里叼着根铁丝，把铁丝往插座里面插。多亏被大人看到，立刻阻止，否则各位可能早就看不到我写的东西了。

我家楼下邻居的孩子，就没有那么幸运了。家里几个小朋友看到一个废弃的油桶，于是就点着了火柴扔了进去，结果油桶爆炸，盖子飞出来，把一个孩子的头给刮飞了，孩子就此身亡。对不起，我本来不想写得这么血腥的，但是，生活本来就是残酷的。一个孩子长大，要经过多少危险的考验？各位可以到医院的急诊室看看，各种惊心动魄：孩子吞硬币的，果冻阻塞呼吸道的，孩子吃了有毒盆景植物的，孩子被塑料袋裹住头窒息的，等等，无不令人心痛不已。所以，家长应该在孩子很小的时候，就给他们强调这种理念："勿擅为"。做什么事情，心中要想到家长，问一下可不可以。这不是培养奴性，而是培养人性，是为了孩子的安全考虑。

所以，"勿擅为"的一个含义，就是孩子做事要对家长负责，要随时向家长学习，不要自己到毫不了解的世界去探索，要在家长的监督下探索，这样才会安全，否则会付出健康，甚至是生命的代价。

而"事虽小，勿擅为"除了这些解释，还有更深一层的含义吗？

有的，那就是：**教育孩子在做事的时候，要考虑周围的关系，考虑周围人的利益与感受。所以，这是教育孩子如何获取在生活空间中协调做事的能力。**

因为"擅"字的主要含义，就是自作主张。

"道"的一个基本原则，就是我们这个世界是一个整体，我们与这个世界之间的联系程度无比紧密，超出我们的想象。

也就是说，我们人生在世，都是生活在社会圈子里的，这世界上没有几个人是鲁宾孙。所以我们做事，都是在与人合作，与人协作中去做事。此时，我们如果任意妄为，只想着自己，就会令自己失去帮助，成为孤家寡人。

我曾经参加一个大型参观活动，有很多辆大客车载着我们这些参观人员去到第一个参观地点。参观结束后，大家记住自己的车号，几点钟到车里集合，马上奔赴下一个参观地点。本来计划得都很好，结果第一天就出差错了。怎么回事呢？原来有两个人活生生不见了，别的客车都开走了，我们却无法出发，到处打电话找这两个人。最后过了很长时间，这两个人拿着旅游纪念品回来了。原来他们擅自活动，去购买纪念品了。当时车上的人都很气愤。为什么呢？因为他们完全不考虑周围人的感受，擅自行动，结果损害了大家的利益，这就叫"擅为"。这样的人，我相信在单位里人缘一定很差，因为他们的心中，根本没有别人的位置，而只有自己的利益。因此，"擅为"的心理基础，是自私。

这种情况，在我们的生活中比比皆是。比如，乘飞机的时候，大家都应该安静地坐好，但是，常会有这样的人，把自己的鞋脱掉，然后把脚高高翘起，伸到前面座位的旁边，搞得人气息憋闷。这样做，就是"擅为"，完全没有考虑到旁边人的感受，自己舒服就可以了。其根源，仍然是自私。还有的家庭装修，完全不考虑邻居家的感受，在午休或者晚上做木工活儿，声音传遍整栋楼，让别人家都没法休息，这也叫"擅为"。有的人遛狗，那种体型很大的狗，他自己喜欢得如同儿子，但是别人家的小朋友却是怕得要命，因为这狗比小朋友自己还高，可是这狗的主人却不拴着狗，任其到处跑，吓得孩子乱叫。这种情况，也叫"擅为"。

再比如，那天我母亲收到一本健康书，是一份非常好的报纸上打广告说可以送书，母亲就打了电话，结果免费寄来了书。书的封面我一看，什么养肺的，作者和出版社我都熟悉。结果一看里面，从目录开始，全是一家药厂自己印的广告。真是下了力气写的广告，各种夸张宣传。我立刻决定要向出版社举报这本书，因为不知道多少人要受害。这种行为，甚至是犯罪行为，也是"擅为"，擅自为之，根本没有与相关人商量，完全视别人为白痴。究其根源，也是自私。

那么，为什么"擅为"的情况如此盛行呢？原因之一，就是我们很少有这种教育，告诉你做事要考虑到别人的利益，要在合理的范围内做事，这样日后别人也会帮助你。

我在前面一直提到，家庭是未来社会的演练场，孩子未来与社会人群之间的互动，很大程度上脱胎于与家长的互动。

所以，我们从教育孩子的时候开始，就要告诉他"事虽小，勿擅为"。可是，我们现在这种教育是缺乏的。我们教育孩子的方式，是"超过一切同学，考最高分，将来做最大官，赚最多钱"。这种疯狂赶超式的教育，很少考虑他人，所以孩子成年后，问题往往会很多。

为什么抱孩子的人特别难打车

在家庭抚育方面，现在大多是一个家庭的全部成员都围绕着孩子来转，这会给孩子一种错觉，就是我是这个家的主人，凡事都要按照我的意愿来进行。这种情况下，孩子很少能考虑到他人，会丧失了与周围交流的能力。这种情况下，就会出现很多"擅为"，这是家长纵容下的"擅为"。

比如，有一次我打出租车，与司机聊天，说现在为什么抱孩子的人特别难打到车。司机的回答令我诧异，他说："我们的本意也是想拉他们，但是，你知道现在的家长和孩子，让我们受不了啊！"我很奇怪，忙问为什么。司机说："现在的孩子上车，根本就没有什么规矩。有一次，一家人打车，爸爸坐前面，妈妈和孩子坐后面。这孩子就穿着鞋站在后面的座位上蹦，那座位套是刚刚洗好的，这孩子踩出了很多鞋印。问题是家长根本就不阻止！我实在受不了了，就对孩子妈妈说：'你能抱一下孩子吗？免得有什么紧急情况我刹车，孩子跌倒了。'你知道那母亲怎么说吗？她发火了，立刻冲我喊：'你就不能开慢点儿吗？！'"

司机接着说："当时我也气坏了，得，我心想我先不说话，等一会儿到地方了，我再找你。最后到了，他们给了钱下车就走。我说:'慢着,你们忘记东西了,要带走。'他们看了半天,说:'没有啊?'我说:'你们留下鞋印了,今天必须给我清理干净再走,否则别想离开。'最后他们清理了半天,还是没有弄干净,没法儿彻底弄掉。我这其实是为了教育他们。"

各位,这是什么?这就是"擅为",完全没有考虑别人的感受和利益,这是家长怂恿的"擅为"。在很多家长心中,从来只有自己的宝贝好,所以所有人都应该对他好。这样的孩子,长大能不吃亏吗?

第二天我又打车,第二个司机听我讲完这个故事,说:"在后座上蹦?那是太小的事了,我现在都习惯了。一遇到紧急情况踩刹车,我的右胳膊立刻要横在前排两个座位之间,因为孩子立刻会跌过来,必须挡住,否则就是我的事了,这是经验。我遇到过比在后座蹦更过分的,比如四五岁的孩子了,站在后座上就尿尿,直接往座位上尿,家长都不管,觉得这是应该的。我们家的宝贝儿多可爱啊,尿点儿尿有什么啊!"

在这些家长心中,完全是以孩子为中心的,根本没有其他人的位置,凡事根本不考虑别人。这是什么?这也叫"擅为"。

这种"擅为",源于自私,又会培养出更大的自私,不可小觑。

那么,在家里是不是也这样呢?当然也会如此。比如,孩子吃饭,想吃就吃,不想吃就不吃,家里吃饭的节奏完全跟着孩子走;孩子想吃什么,就给做什么,要先问:"宝贝,今天想吃什么啊？"然后再做。其实饮食应该是由大人决定的，大人根据营养成分来搭配，不能完全听孩子的。如果完全按照孩子的口味走，这样往往对孩子的健康不利。所以在很多这样纵容孩子的家庭中，孩子往往身体不好，就是这个道理。

这样的纵容，往往会让孩子丧失做事的协调能力，因为他觉得一切都是为我准备的，我不需要考虑别人。这是被培养出来的"擅为"的本能。那么，当他长大了，做事也会很少考虑他人，这样的人，在单位能受欢迎吗？很多家长说，等他长大了就明白了。其实，小时候形成的思维惯性，还真就可能改不过来，不信我们打赌。问题是：你敢拿孩子的未来打赌吗？

如果他在单位不受欢迎，他自己情绪也会出问题，肝气不舒，从而引起身体的诸多疾病，最终会导致健康的问题。很多健康问题，看似是身体的简单失调，很可能根植于童年时期的教育。

《弟子规》里面，其实讲的都是现代心理学的道理

下面，我们再聊聊什么是"苟擅为，子道亏"。

这话是承接上面的，所以我就一起讲了。这话的意思就是你如果"擅为"了，不管家长，不考虑别人，自作主张地做事，你作为孩子的孝道，就没有做好。

我们现在常讲"家风"教育。什么是家风？家风就是家里

的风气、文化。一个家庭里面的教育好，文化品性好，你会从一家几代人的身上看出来，这就是家庭的风气。为什么会这样呢？因为这是有传承的，一个家庭里的老人是树根，孩子是新苗。千万不要以为老人就不需要进步了，老人也要的。我们现在有的老人做得其实并不好，溺爱孩子很多是从老人开始的，然后才是孩子的父母。我认为，"苟擅为，子道亏"首先要关注的，应该是家长的教育，让家长自己做到教育孩子关注细节，注意他人，排除自私的想法。

如果我们对孩子没有教育，孩子处处不拘小节，随意侵犯他人利益，这种孩子，别人会说"家教不好"，这就是"子道亏"了。所以，在孩子小的时候，家长要多考虑，自己做得是不是够好；当孩子长大了，孩子要自我评判，自己做得怎么样。要知道，如果自己做得不好，别人是会背地里说"这孩子怎么教育的，没有教养，一定是从小家长没教育好"。这些话，是对自己父母的批评，令父母蒙羞，这就是"子道亏"。

聊到这里，大家看看，《弟子规》看似很简单，很多朋友觉得不需要讲给孩子听。现在学校让孩子背诵，很多家长抵触，我曾经就听到一个家长说："我同意让孩子背诵，是因为孩子背了就会忘记，这样也不会伤害到孩子。"这样的想法，我觉得是家长自己根本就没有理解《弟子规》的道理。其实《弟子规》里面，都是现代心理学的道理，古今中外，大道都是相通的。如果我们不发掘，就会觉得一无是处，这样会与好的道理失之交臂，那你要用什么来教育孩子呢？

我每天所见之病，几乎全是从性情失调而来的，而这些问题，我觉得很多根源于少儿时期的教育纰漏，各种心态、性格培养的不成熟。

你的孩子有一天会长大，会离开你独自生活，你怎么忍心让他身体疾病多多？

所以，家长需要现在就加油，在教育孩子方面，多多学习，这样才是对孩子真正的负责。

课后练习：

阅读本文后，你可以尝试和孩子做这样的沟通，以对本文内容进行实践：某天和孩子约定好在孩子做他（她）想做的事之前要先征求你或其他长辈的意见。当然，如果你们不同意，一定要给他（她）讲清楚拒绝的理由。如果孩子做到了，那么要及时表扬他（她），让他（她）知道这样做是正确的。

10

学会分享，你才会更幸福

> 物虽小，勿私藏。
> 苟私藏，亲心伤

人获得幸福的过程，也是不断克服自己私欲的过程

"物虽小，勿私藏。苟私藏，亲心伤。"这话是什么意思呢？从字面上理解，就是我们身边的东西，有的东西虽然很小，但是要记住，再小的东西，作为孩子，也不要私自把它藏起来自己享用；如果这样，那家长的心，会非常悲伤的。

这话难理解吗？不难理解，但是却很容易让人误解。这是怎么回事呢？有一次，一位家长对我说："我坚决不让孩子学习《弟子规》，太落后了！"我忙问为什么这么讲。

他回答我说："比如说这句，'物虽小，勿私藏。苟私藏，亲心伤'，这把家长看成什么人了？和孩子抢？看到孩子吃点儿好东西，家长没有吃到，家长就伤心了？这明明是落后时代，大家都吃不到东西的时代的产物嘛！"

我一听，笑了，人家这是照字面理解的啊，也没有错啊。可是，《弟子规》讲的是这个意思吗？

其实，这也是现在很多人读《弟子规》容易出现的问题，就是只是按照字面理解，觉得太简单了，没什么可学的。其实，这话背后是有含义的。有些道理，我们认真思考，仔细想想，然后再看，可能就会觉得它其实是非常有用的。这些道理，可能我们现在的家长未必真能看到。

那么，这个"物虽小，勿私藏。苟私藏，亲心伤"讲的到底是什么呢？这句话是否很老土，在今天已经没有任何现实意义了？

答案是：这句话在告诉我们今天最有用，甚至在我们整个人生中都至关重要的心理学原理——学会分享，你会更幸福。

我先给大家讲一个小故事。我曾经到一家去出诊，当时是因为他们家有位老大爷身体不好，请我去帮忙看看是什么问题。

进了房间，我觉得很是温馨，有很多小朋友的玩具，原来他们家有个五岁的小朋友。跟大家问好以后，我就坐下，准备开始给这位老大爷诊脉、查舌。这时，我需要一个小桌子，或者茶几什么的垫一下，让老大爷的胳膊有地方放。可是旁边没有。正好客厅有个塑料柜子，高度正好，我想搬过来，可是奇怪的事情发生了，他们家里的小朋友突然跑过来，手按在塑料柜子上，对她的家人说："这是我的，不许动！"原来这个东西可能是她装玩具的，她觉得不能动。他们家人显然对孩子非常客气，就没有动这个柜子，然后拿了另外一个柜子来垫着。

接着我开始诊脉，一边查，一边需要记录下来，于是我就让他们提供纸笔。他们拿了一支笔，可是奇怪的事情又发生了，这个小朋友本来已经离开了，看到后再次跑过来，把笔拿走，又说了句："这也是我的！"我困惑地看着他们家的人，他们忙对我解释，平时都是孩子用这些东西的，只好又拿了一支笔。

我自己正好带了纸，心想就别用他们的了，于是拿出自己准备的白纸。刚拿出来，已经离开的小朋友远远地看见我拿着白纸，立刻又跑了过来，一把从我手中抢过白纸，嘴里还是说："这是我的！"显然她误以为这也是从她的桌子上拿的了。这下大家全都傻了，本来他们家人还为这孩子开解，这下无法说了，忙向孩子解释，这是人家自己带的。他们觉得特别不好意思，把孩子劝开了，我才继续诊脉。

必须说明一下，这件事情，就眼睁睁地发生在我的身边，让我诧异。

这个孩子五岁了，很明显，已经开始有了私有的观念，对自己领地范围内已经有了强烈的占有欲。这就是"私"的概念。有的朋友说，这是小事，干吗跟孩子较真儿？如果你先跟孩子打了招呼，没准儿孩子还让你用呢？每个孩子都有这样的过程的，别在意。

实际上，如果是三岁的孩子，我们确实无法评判，因为孩子可能完全不知道发生了什么；但是五岁的孩子，已经基本懂事了，这样做我觉得就不应该了。

教育看的是苗头，要根据苗头和迹象，来判断教育过程中哪些方面可能有所缺失。我觉得从这个孩子反应强烈的态度来看，孩子的家长需要在培养孩子分享的意识上下功夫了，因为我觉得这个孩子对自己私有物品的占有欲太强了。如果家长对这个过程不加以干预，日后品性形成了，再教育会困难得多。

这样的事情，在我们的生活中比比皆是。比如，我曾经亲眼看到公交车来了，孩子先冲上去抢座位，抢到了，就得意地坐在那里。家长满意地看着孩子，仿佛是在鼓励孩子："你真棒！"

又比如，家长来幼儿园接孩子，先把孩子拉到一边，尽量不让其他小朋友看到，然后把带来的好吃的给孩子猛吃。

孩子都是好孩子，但是在品性的培养上，家长需要随时关注先提高自己，然后给孩子随时微调。尤其要注意的是这个"物虽小，勿私藏"。

那么，到底什么是"私"呢？

"私"这个字，在古代通"厶"字，两个字的读音一样，意思也一样。这个"厶"字，原来的字形就是从上向下环绕，兜了一个圈，也就是把自己的东西框在里面的意思。所以古人说"自营为厶"，就是说为自己的利益去做什么事情。后来"私"与"厶"相通，实际就是在"厶"旁边加上了个"禾"，这意思很明显了，有归属的，属于自己的庄稼，这叫"私"。所以古人说："盖禾有名，私者也。"

所以"私"的基本含义就是自己的，与"公"相对。"公"字，就是在"厶"字上面，加了一个"八"，意味着分开。左右一边一个，是平均的意思，这就是公。

这个私，我们不能没有。我们人生中要有自己的工资，有自己的公司，有自己的房子，有自己的存款，这都是私。私有财产是不可侵犯的，这是一个原则。但是，人生确实很矛盾而且复杂。另一个原则是，人是社会动物，需要协作发展；如果我们只在意自己的利益，反而无法获得大家的支持。人获得幸福的过程，也就是不断克服自己私欲的过程。终其一生，我们似乎都要和自己的私欲不断斗争。而我们就是在这个过程中，不断提升自己的。

实际上，我们克服私欲的过程，就是学会分享的过程。

为什么要分享呢？因为我们必须理解一件事情，就是：我们不是独立存在于这个世界上的，我们与这个世界是一个整体。我们所拥有的一切，依赖于你身边的一切。

比如对这个小朋友，我们就应该告诉她，这些纸笔，虽然是属于你的，但是从哪里来的呢？是爷爷奶奶买的。现在爷爷生病需要用一下它们，这样爷爷身体健康了，是不是可以买更多的纸和笔啊？而且，爷爷身体健康了，是不是也会给你带来更多的快乐呢？因为你们是一家人，是一个整体啊！

这样，在孩子的心中，就能勾画出一个更大的整体。在这个整体中，自己的利益是依赖于他人的，是与他人互相关联的。他人好了，自己才会更好。

与人分享是人生快事

这种观念一定要介绍给孩子，这是让孩子提升自己的机会。其实，很多人终其一生，都没能将自己提升到这样的境界，所以总是在利益争夺中受伤，却还不知道原因在哪里。这在很大程度上，是因为儿童时期，家长没有教给他分享的道理。

有位企业家，是北大毕业的高才生，他的老家在舟山群岛的一个岛屿上。有一次他给我讲了他们家的故事。

他说，小的时候，家里杀鸡，那是大事，因为有美味的鸡肉可以吃。这可不像现在，随时都可以去超市买到，那个时候一年都可能杀不了几次鸡。鸡肉炖好后，那份香啊，令人难忘。他记得最清楚的就是，他眼看着奶奶用筷子夹起两个大鸡翅，他觉得奶奶一定会送到他的碗里。结果，奶奶却送到了另外一个碗里，说让家人送去给邻居家的孩子尝尝。这样的事情，令他印象深刻，他记住了，有好东西要与人分享。而我相信，这只是一件小事，在他的生活中，他奶奶一定是在很多方面都这样言传身教的。他说："奶奶就是这样的为人，所以，周围的人无不敬佩奶奶，她一生平和幸福。"然后，他又说："我们附近的岛屿，目前只出过三位考上北大的孩子，我们家占了两个。"

我听了这个故事很感慨，这就是传统的家教，从小就告诉你，**与人分享是人生快事，是种美德**。这样的家教，我们自己对照一下，看看我们能不能做到。大家可能会觉得这是小事，但是，却影响深远。这位企业家年纪轻轻，朋友多多，创业成功，曾经创立连锁电影院，生活无忧，幸福美满，是个智慧与幸福兼得之人。

有人会问：你不是说私有财产也很重要吗？我们难道不应该教给孩子，保护自己的私有财产，保护自己的私利吗？否则孩子将来什么都给别人，自己还会幸福吗？

这是个大问题，甚至可能不同的时代、不同的地域文化答案都会稍有不同。

有的朋友觉得，西方就是努力培养人的自私性，让人充分维护自己的私利，所以经济才发达的。我觉得这是片面之词。西方的基督教，号召大家把自己收入的十分之一奉献给教会，去帮助那些需要帮助的人。他们特别强调分享，从小就教育孩子要懂得分享。我觉得我们很多人在心中虚构了一个西方社会，然后去追捧。可是真的看到了西方，却会发现完全不同。

而我们国家，现在处于一个非常特殊的时代，一定要多多教给孩子学会分享。这是为什么呢？

因为现在家庭基本都是独生子女。这样，两家四位老人，加上孩子父母，六个人才有一个小朋友，这种情况下，大家对孩子的好是有目共睹的。我见过这样的家庭，在吃饭的时候，全部好东西都给孩子，爷爷奶奶把好吃的给孩子，外婆外公把好吃的给孩子，父母也把好吃的给孩子。吃饭的时候，奶奶如果看到孩子吃排骨吃得香，就会让大家都把排骨放下："你们那么大的人了，少吃一口没事，都放到孩子的碗里吧！"

我甚至见过一个家庭，家里的保姆总是吃不饱。为什么呢？因为这个家里所有的成员，每到吃饭的时候，都要把最好吃的给几岁的孩子吃，大家都尽量不吃。结果这个保姆也不好意思自己去吃。尽管人家没有让她也不吃，但是人家大人都不吃，她自己哪里好意思吃啊，所以总是吃不饱。

这样做，孩子会觉得一切都是我的，这是理所当然的。这样，他的私心就会被无限扩大。只要心中所想，无不立刻到手。

其实，人生下来，就是有私心的，希望自己吃到好东西，享受到好东西，这是本能。但是教育的过程，就是要告诉他私心与公心的区分，扩大自己的公心。私心那部分，不用教育就已经很强大了。而前面我讲到的一切都为了他而设的孩子，大家的过分关爱，却极大程度地培养了他的私心。这样的孩子，长大了会一切遂愿吗？如果不遂愿，他的心会受伤吗？我想是一定的。

这是现在这个时代的特征，是大环境，大家不用辩论，情况就是这样的。在这样的思想教育下长大的孩子以后在社会上如果依然这样，大家会远离他的。得不到别人的支持，事业怎么可能成功？

因此，在这种社会背景下，**我们要把分享的理念教给孩子，多多训练孩子分享的行为，来对抗独生子女养育中出现的弊端。**

自私的人，最终都是失败

新东方的俞敏洪先生曾经讲过一个故事。他说他读大学的时候，六个人住一个宿舍。有个同学是北京人，每周回家，都会带回来六个苹果，大家都以为他是带给同学们一人一个分享的。结果这个学生把苹果全都锁在柜子里面，一周六天，自己每天吃一个，然后周日回家。众目睽睽之下，他自己一个人，从容地洗好苹果，津津有味地吃掉，一直是这样的。大家也说不出什么。毕业后，大家开始创业，越做越大，五位同学都加入了新东方。当新东方的事业做得很大的时候，那个吃苹果的同学在单位混得一般，于是也提出，是否可以入伙。结果，大家开会讨论，一致认为不欢迎他加入。为什么呢？因为品性问题。吃苹果只是一件小事，但是，可以看出这个人不懂与人分享，比较自私。**合伙，是需要大家把利益放在一起，一起努力的。如果有一个人自私，就会把整个气氛给破坏了，这会是毁灭性的打击。**

大家会说，至于吗？不就是吃一个苹果没有分享给大家吗？这里，就涉及"物虽小，勿私藏"了。什么是私藏？举个例子。大家一起进山采蘑菇，这是一个团体，每个人找到都交公，最后晚上大家熬汤喝，每个人都能喝到。可是其中一个人，突然看到一个蘑菇，心里想："这是我看到的啊！"于是，他私自把蘑菇放到自己兜里，晚上出去偷偷卖了，这就是私藏。

开公司合伙也是如此，本应该大家一起为公司努力，公司市值上去了，大家都得利。但是，有个特别好的生意来了，其中一个人看到了订单，就想："这要是我一个人赚了该多好。"于是自己注册了一个空壳公司，然后接了这单生意，自己独吞了，这就是私藏。

那么，这种人为什么不想和大家分享，让公司越做越大呢？这是眼界问题，他看不到更远的景色，他心中只有自己的利益。这与他从小受到的教育一定有关系，因为这是品性问题，他没有习得这种品性。

其实，创业是有风险的，即使有再完备的制度，我们也完全不知道与谁合作会有好的结果。于是我们会根据一些线索，来判断这个人最后的表现会如何。哪些线索呢？往往是能透露出人的本性的一些线索。

这样解释大家明白了吧？其实不分苹果给同学们完全可以，有些家长就会这样说："想吃你们自己去买啊！为什么非要分给你们？"这当然是没有问题的。但是，如果事事如此，大家就会看到，此人不懂分享，比较在意私利。如果公司有了这样的事情，股东们怎么办？请他入股有意义吗？

为什么那些很自私的人，总是在社会上难以真正立足？因为，每天每一刻，你的种种线索，都被别人看在眼里，大家在随时评判，这决定了你未来合作机会的多少。而懂得分享的人往往能够有一番作为，是因为他的品性早已展示给大家了。

人世间的事情太细腻了，很多人用理论去分析，认为本来就该如此，想吃苹果自己买去。道理是没有错误的。可是，你分析不过人心的。人心，在通过一个苹果，判断你的人品呢！

据说，当年楚汉之争的时候，刘邦和项羽打仗，有人很早就断定项羽会失败。为什么呢？因为他观察到了一个细节，就是在项羽打了胜仗，分封大家的时候，那个代表官职的大印，在他的手中都快磨去棱角了，他也不舍得给人。这种气度，大家都看在眼里。据此就判定，得天下的该是刘邦。

所以，华人首富李嘉诚先生，一辈子做生意有一个准则，就是：我能够赚到十元钱，努努力，赚十一元也是可以的，但是我一定只拿九元，给别人留下一些空间，这样以后还会合作。

李嘉诚先生说过这样的话："我觉得，顾及对方的利益是最重要的，不能把目光仅仅局限在自己的利上，两者是相辅相成的：自己舍得让利，让对方得利，最终反而会给自己带来较大的利益。占小便宜的不会有朋友，这是我小的时候母亲就告诉我的道理。经商也是这样。"大家看看，一个人的品性和境界是从何而来的？是他小时候母亲告诉他的。所以，什么样格局的母亲，就会培养出什么样境界的孩子。

老子在《道德经》里，花了大量的篇幅讲述"施与受"的关系，不断地强调这样一个道理，就是你为大家付出，考虑大家的利益，为大家做得多了，最后，大家会让你更幸福的。老子这样的话数不胜数，比如："后其身而身先，外其身而身存。正以其无私，故能成其私。""圣人不积，既以为人己愈有，既以与人己愈多。""以其终不自为大，故能成其大。"等等。老子的这个思想，是我讲课的一个主要内容，因为这就是人生的大道。很多企业家，都是在明白了这个道理之后，才走上成功之路的。

与人分享并不意味着放弃一切

那么，与人分享，是否意味着自己要放弃一切呢？不是这样的。作为一个普通人，自己的私有财产，是需要保护的。与人分享需要掌握几个尺度，我大致分析一下。

第一，当别人遇到困难，而你在力所能及的范围内，可以帮助到别人的时候，可以与人分享。比如，当贫困山区的孩子吃不上饭而你衣食无忧的时候，一顿饭对你根本不会有什么影响，你可以提供一餐，比如资助"免费午餐"工程，给孩子一顿饱饭。但是，我反对那种把自己家里的钱全部捐出，自己欠债度日的"慈善"。

第二，当你的付出可以给大家带来快乐的时候，在你力所能及的范围内，可以与大家分享。比如，周末请朋友吃顿饭，喝喝酒，虽然你会花钱，但是给大家、给自己都带来了快乐，这是分享。这种能力，其实就与小时候的培养有关。有的人家里总是很热闹，朋友往来频繁。我一个阿姨就是如此，她性格开朗，喜欢热闹，每到什么节日，一定约很多朋友来家里，吃住游玩，临走还要给大家各种特产，大家都喜欢。而我也见过有的人家，一年到头家里从来没有来过客人，从来不与人交往，这样的人，快乐就少些。

第三，当你发现新的机遇，可能给大家都带来好处的时候，要想到，可以与大家分享。比如发现了新的生意领域，自己干是可以的，但这事对大家都有好处，就可以介绍大家一起干。比如，很多农村的养殖户，自己养殖发财以后，并非独自发财，而是带动乡里一起搞养殖，最终带动了当地的发展。又比如当初沃尔沃汽车公司发明了安全带，这本来是专利，但是他们公司发现这能救无数人的命，于是贡献了出来，与全世界的汽车企业分享。这样，无数人受益，功德无量，这不是金钱能衡量的。

"不要责怪贪官"

"物虽小，勿私藏"这句话，除了告诉我们不要太在意自己的私利，要考虑周围的环境，尽量与大家分享之外，还有一个重要的内涵，就是不能化公为私，中饱私囊，要"公私分明"。

这就是底线的问题了。首先讲个故事。春秋时鲁国有个宰相叫公仪休，他特别嗜好吃鱼，因为是高官，很多人就巴结他，给他送美味的鱼，认为这是投其所好。可是，没有想到，他却把鱼退了回去。大家就问他，为什么这样做。他回答说："我的俸禄已经够我吃很多鱼了，这是光明正大地吃鱼。如果收受了贿赂的鱼，这是非分所得。如果因此要为他办事，触犯了国法，我会丢掉官位，可能连原本能吃到的鱼也吃不到了。我怎么会那么傻呢？"

现在很多人看到这个故事，就觉得这个故事太简单了。可是，各位，就是这么个简单的逻辑，很多人还是做不到！多少贪官，生活无忧，但还是怂恿孩子老婆经商，捞取钱财，钱多到数不过来，可是反腐浪潮一到，只能去吃牢饭了。曾经听说某地药监局一个局长收受贿赂，有几十套房子，几千万现金。这些房子，他能住得过来吗？每晚住一套？不可能的。最后，换来了一个永久居住的、带着铁窗的房子。

我觉得南怀瑾先生有句话说得特别好，大概意思是：大家不要责怪贪官。为什么呢？因为贪官都是百姓的孩子，当年你怎么教育他，他就成为什么样的人。这句话我很感慨，如果我们在孩子小的时候，就不断地溺爱他，让他感觉到周围的一切都是他的，都是应该属于他的，不断地培养孩子自私的一面。那么可以预见，这样的孩子，让他做越高的官，老百姓受害会越大，他自己也越发危险。

所以，"物虽小"的"小"字很有深意。你别看今天他只是个孩子，别看他只是特别在乎多占有几块蛋糕，如果一直这样下去，做家长的不断培养他的占有欲，不断培养他自私的一面，那么，当他长大了，有了条件，他的问题可就大了。

所以，《弟子规》在"物虽小，勿私藏"后面加上了一句"苟私藏，亲心伤"。如果出了那样的问题，父母当然会悲伤的。我曾经给被捕贪官的父母看过病，那种情绪对身体造成的伤害无比巨大。这对孩子来说，是多么大的不孝啊！

而这一切，却又可能起源于儿童时期的教育。所以，不可不慎啊！

课后练习：

　　阅读本文后，相信你也意识到学会分享对孩子的品德培养乃至人生都有重要影响。那么，从此时起你应该注重培养孩子与别人分享的好品质。你可以从最简单的一件事做起，以对本文内容进行实践：和孩子约定好，让孩子在吃东西时要跟大家分享，如果孩子做到了，那么就及时表扬他（她），摸摸他的（头），让他（她）知道这样做是好的。

II

你与父母的关系，决定了你事业的走向

> 亲所好，
> 力为具

"平静的海面上永远锻炼不出伟大的航海家"

像《弟子规》这种读物，严格地说，不是给大家拿来讨论的，也没有必要进行各种讨论。其实就是看自己做得够不够好，你做好了，才有发言权；没有做好，就要见贤思齐。

这句"亲所好，力为具"，大概意思：是父母所喜欢的，作为孩子，要尽力去为父母准备好。

这话估计有人不爱听了，这父母不是骑在孩子身上作威作福吗？父母喜欢打麻将，孩子就该伺候麻将局吗？父母喜欢吸毒呢？而且，孩子那么小，怎么能这么要求孩子呢？

其实，大家不要觉得这是抬杠，我相信很多朋友刚刚看到《弟子规》的时候，还真有这样的感觉，而且仔细想想，这话说得还真有些道理。那么，这句话到底是什么意思呢？

首先，对于不同年龄的孩子，这句话的含义也是稍有不同的。

当孩子年龄小的时候，"亲所好"的含义，是父母对孩子的希望，"好"是感情倾向，喜欢、希望出现，这叫"好(hào)"，是个动词。这句话我们更应该理解成这种感情倾向是对孩子的而不是父母对他们自己的。为什么这样说呢？因为孩子还很小，如果你希望孩子为父母去准备什么，这是不客观的。父母想吃肉，让五岁的孩子去弄头猪来？这一听就不靠谱儿。

所以，此时的"亲所好"是父母对孩子的希望，他们希望孩子能怎么样的一种倾向。

那么，此时的"亲所好"是否都是正面的、积极的呢？应该是的。我前面提到的吸毒、打麻将等，都是开玩笑，不能据此为论：如果父母希望孩子贩毒，孩子也要"力为具"吗？这是抬杠，有哪位父母是这么想的？父母都希望孩子学好，成为有利于社会之人，这是99.999%的父母的想法。所以，这种"好"应该是积极的。

我想，这里面首先包括了父母期望孩子具有的一些美好的品德，比如正直、善良、慈悲、诚信、勇敢、勤奋，等等。

我小的时候就被母亲无数次教育这些内容。母亲年轻时历经坎坷，本来她是特别有才华的人，虽然来自农村，但是在镇上工作出色，除了做卫生工作，还是团委干部，兼着广播站的工作。但是有人因为嫉妒，一天趁母亲不在，把广播频道调到了"美国之音"，母亲根本没有想到这些，上班打开广播，就播放了几分钟。在那个年代，结果可想而知。母亲没有被捕算是万幸，但是革除一切公职，送回了农村老家。当时母亲才二十出头，要承受别人的各种目光和压力，没有任何人能够开解她，甚至没有人敢跟她说话。所有的压力都要她自己承受，她常常徘徊在河边，她说曾经几次想到自杀。这些事情她现在每次提起也还会流泪。但是当时活下去的念头留住了她，让她去寻找思想的支撑，她说当时看了很多书，从书中摘抄各种名言警句鼓励自己，一遍一遍地看，其中很多话留在了她的脑中。

　　后来母亲结婚生子，有了我和妹妹，母亲就用这些内容教育我们。我和妹妹都有感触，当时听这些话，耳朵都快生茧子了。

　　其实，这就是父母对孩子的期望，但是当时不大懂事，经常不接受，还时时冷嘲热讽。现在想想，虽然当时不接受，但是后来我一直深受影响，这东西深入了我的心里，我在思考问题的时候，总是容易不知不觉走入那个轨迹中。虽然自己做得很不好，但是，必须承认还是受了影响的。

这些内容，现在的家长会以各种方式教给孩子，希望孩子拥有，比如现在可能通过各种动画片、图书、故事、游戏来培养孩子的这些品德。家长也需要在日常生活中处处以身作则，来给孩子演示。

所以，此时提出了一个大问题，就是父母期望孩子拥有的德行，父母也要尽力去拥有，这样才能让孩子觉得这真的是好事情。年轻的父母，成天对自己老迈的长辈毫不关心；父母有病，去医院看望一次都觉得是很大的恩惠；给老人家里一年都买不了几次菜，却要教育自己的孩子孝敬老人。这是不够的。自己先做到，先做到真的"好"了，孩子才能真的"力为具"，否则一切都是虚伪的。

所以我总是说，《弟子规》不是用来讨论的。很多人喜欢辩论，不要辩论，先去做。做了，就会感受到生活还是会有另一种美好的，这就是国学的魅力。

对孩子的希望，一定不要过度和方向不明

对于以上品德的内容，要让孩子"力为具"，就是尽力去做到。这个"力"字非常好，是尽力的意思。对于这些品德的追求，我们要向孟子学习。孟子曾经转述曾子的话："虽千万人吾往矣！"讲的就是这种勇气。明代东林党人称赞名医缪希雍，说他"义之所在，虽水火鸷赴之"，讲的也是这种力量。

父母对孩子的期望、喜好，除了让其拥有这些品德，还有一些技能。现在很多父母都对孩子有所期望，比如学习钢琴、柔道、奥数，等等。这些内容，很多是父母自己做不到的，或者当时没有条件学习的。他们觉得现在条件好了，要让孩子学习。从根本上讲，这些都是好事，这些"术"的内容，可以培养孩子的各种能力，比如对美的鉴赏、体力、毅力等，基本都是正向的。但是，这里要防止的问题，就是过度和方向不明的问题。

所谓过度，是"亲所好"。这个"好"太厉害了，喜好得太厉害了。比如有的母亲喜欢提琴，就让孩子去拼命地学。此时，孩子尚未了解其中的奥妙，就被逼着去学，反而会被伤害。另外就是方向不明。学习这些"术"，是为了培养孩子的某些能力，这是方向，循序渐进即可。可是，某些父母却把它变成了很功利的东西。让孩子多学，为了超过一切人，这样的态度是不可取的。所以，我妹妹罗玲提出：**我们需要的是指南针，而不是秒表。**

大家看到了，在孩子小时候，"亲所好"更多的是家长对孩子的期望。家长必须提升自己的境界，明白教育的道理，你所希望孩子拥有的，一定是你先想清楚了的，否则让孩子"力为具"就会伤了孩子。

不努力成才，也是对父母的不孝

下面讲"亲所好，力为具"的第二层含义。当孩子长大了，父母老了，这句话又有了更多的含义。

此时，父母期望的，首先是孩子成才，成为对社会有用的人，拥有生存的本领。

我先讲个小故事。前几天，我回到老家，我们中学同学聚会，大家把酒言欢，其乐融融。我的同学中，有好几位是银行行长，大家的聊天内容自然汇集到了银行领域。他们说："现在的年轻人，太难管理了！"

我忙问为什么，他们说："现在的年轻人，非常脆弱，你让他干几天活，他如果觉得没有意思，立刻就向你提出辞职。这可是正式职工啊！"我也知道现在银行的工作职位非常难以谋得，可是就这么辞职了？一位行长说："你辞职了，有新工作了也好，结果让人去了解，什么都不干了，在家里玩电脑呢，这叫啃老啊！"

听着他们的谈论，我觉得非常不是滋味，这是我们的教育有问题了。我觉得我们还没有教给孩子走向社会、承担社会责任的能力。

听说现在啃老的人越来越多了，这样的情况就不是"力为具"了。要知道，如果孩子没有一个谋生的手段，家长内心的焦虑是多么严重。把孩子养育这么大，最终整天在家里向父母要钱，对社会没有任何贡献，这是对家长最大的打击。

所以，青年人要努力，这就是孝敬父母。

有人说，我们现在没有门路，没有办法找到好的工作！我觉得这话是不妥的。其实，好的工作是你自己创造的，不是找来的。曾经有个大学生到了单位实习，领导让她去复印、打字，她干了一周，觉得没有前途，就自行离开了。其实，复印、打字时正是你了解这个单位的机会，正是你展示自己的机会，干得出色，自然会有更好的位置。

我的一个在外企做经理的朋友说，他可以从头做起，到任何一个大企业做到领导的职位。他说："我去应聘打扫卫生的岗位，总能被聘用吧，做得出色，一定会有做底层主管的机会，做得更出色，迟早是经理。"

就是这个道理。另外，门路没有，体力总是有的吧？我还听说一名杭州的大学生，自己开包子铺，卖包子，一点点做大，搞连锁，现在一年有几千万元的收入。记得王朔曾经说过："现在是中国几千年里最好的时代了，过去骂句皇帝就砍头了，现在没有，让你自己去干，没干，那是你自己的问题。"我觉得这话从某种程度上讲还是有道理的。

再重复一遍：找到自己的位置，对社会做出贡献，这也是"亲所好，力为具"的一个含义，这是对父母的孝顺，年轻人需要尽力做到。

哪些事做儿女的要替老人做主

在父母年老之后,"亲所好,力为具"的另一层含义就是物质上的。

老人操劳了一辈子,年纪大了,总有喜欢吃什么的时候,但是有时候因为节俭,恐怕不一定舍得买。不知道这点大家是否了解,他们年轻的时候,生活条件差,所以买条鱼什么的,往往煎好了,给孩子们吃肉,自己却只能吃点儿鱼头鱼尾什么的。很多人跟我说过,他们小时候一直以为是父母喜欢吃鱼头鱼尾呢。我小的时候,父母偶尔买来肉,孩子可以吃肉,那个骨头是要上顿下顿反复熬的,不像今天第一顿吃完就扔了,那时候父母能喝点儿汤就不错了。

现在,父母年龄大了,却依旧节俭。每次去菜市场,看到一些好吃的,往往心里在打小算盘,多少钱一斤,是否划算,不划算的,就不买。

有的时候,我突然回家,会发现父母的餐桌竟是如此简单。有时候冰箱里连点儿存货都没有。于是,只要在家,我就打定主意,我的任务之一就是去买一些父母平时喜欢却不舍得花钱买的食品。

比如父亲喜欢吃鱼,我就会隔三岔五地去菜市场,买一些鱼来给他们。保姆做好后,有时候我还会把鱼肉中的刺挑出来,把干净的鱼肉给父亲。虽然他自己也会挑,但是我总担心会卡到他。

我会向朋友们打听沈阳哪家饭店菜品口味好，了解到确实有不错的、独到的，我会开车带着父母去品尝一下。

说实话，很多时候，即使我自己不吃，只是在旁边静静看着父母品尝的时候那开心的样子，我的心里都非常高兴。

老太太喜欢漂亮的衣服，那就买啊！妹妹经常给母亲买衣服，只要自己逛街时遇到好看的，觉得老人穿合适的，就买来让父母试试，合适了就留下。春节期间我带母亲去奥特莱斯商场，要给母亲买件羽绒服，逛了半天，最后母亲看到一件，觉得还可以，可是她说的全是这件衣服到底好吗，还有什么缺点，等等。我当时很疑惑她是否真的喜欢，但是我发现她一直不放下这件衣服，于是立刻决定买下来。等付了款，拿到了衣服，母亲突然开心起来，笑得像个孩子，一边走一边说："这衣服真漂亮啊！"当时这个细节差点儿让我的眼泪掉下来，原来她心里真的喜欢，可是就是嫌价格贵，一直舍不得下决心。这就是老人。**做儿女的要体谅老人的节俭，有些事，要替老人做主。**

有的老人喜欢旅游，那做儿女的就要尽量给老人创造机会。我总是在报纸上看到有孝子骑着自己做的三轮车，带着老母亲周游全国的故事。我打心眼儿里佩服，这叫豪气！很多地方，老人都没有去过，如果能带老人走走，那是大好事。我买车的时候，专门买了一辆大一些的SUV，就是为了载着父母出行。前些天我带着他们回山区老家，父亲很多年都没有回去了。路上，父母给我指路。当年父亲在大山沟里住，每天出来上学，要走到镇里，几十里的山路，居然每天都是这么走的！当时我很震惊，父亲想起往事，一路不停感慨、流泪。母亲在一条路前告诉我，她十几岁的时候，和几个女伴走了将近一百里的路，到了一个镇上，大家每个人都扎着一个白色的头花，就是为了拍摄一张合影。这张照片是她们年轻时唯一的纪念。我听了，震惊不已，而老人也重温了往日时光。我现在越来越觉得，老人是需要陪伴的。**这个世界上，什么事情都可以等，唯有向父母尽孝，是不能等的。**

所以，"亲所好，力为具"，在父母年迈的时候有了特殊的意思，就是对老人的关怀，他们所希望的，我们做子女的要尽力去完成。

而有的时候，在这个阶段我也把"亲所好"的"好"读成三声的，变成"美好"的"好"字。为什么呢？**因为虽然有些事情是年老的父母所喜欢的，但是为了他们好，也要限制他们，这个时候，限制也是好的，我们要"力为具"。**

为老人养心的事情，我们是否"力为具"了

元代名医朱丹溪就曾经主张，老人饮食宜清淡。虽然鱼肉好，但是不能猛吃，否则就会对老人的身体造成危害，适量就

可以了。过去说"甘脂养老",朱丹溪认为不能完全这样,因为老人气血已经虚弱,此时过多地食用肥甘厚味,会导致痰湿增重,老人身体会受不了,所以要节制饮食,以清淡为主,这样身体反而会健康。在今天,我就主张大家在给老人的食物的精致上下下功夫,多让他们吃些有机的健康的蔬菜,其他美味适当添加,这样对老人的身体是有好处的。

另外,老人的性情容易偏激,如果处理不好,会出现疾病。我们要反思自己,在为老人养心的事情上,我们是否"力为具"了。有没有回家就给老人添堵,与老人呛嘴、拌嘴,是否给老人想到了足够的养心的措施?我有一个同学专门拿出时间陪老人去念经,我当时就觉得非常了不起,这种陪伴是多么令人敬佩啊!

所以,修行不在什么高深的地方,修行就在你的家里,在你父母身上,你做了多少,就是种了多少善因,之后就会结多少善果。这个善果,最明显的就是你自己内心的幸福快乐。还有其他的善果,不是你所求的,但是,上天会安排给你的。

我见过很多事业一帆风顺的人,他们无不是对父母孝顺的楷模。有位德国心理学家说过,他建议公司在招管理层的时候,一定要考察应聘者与父母的关系,如果不好,一定会把公司带向没落。这个道理,相信中国人是很容易接受的。

课后练习：

阅读本文后，你可以尝试和孩子做这样的沟通，以对本文内容进行实践：每天让孩子去做一件对他（她）来说是能力所及但又有一些难度的事，比如让孩子坚持一天之内不吃零食。就是看他（她）能不能努力实现家长的愿望。如果孩子做到了，那么在这天晚上就要表扬他（她），让他（她）知道这样做是好的。

12

适应环境的能力有多强，幸福感就有多强

亲所恶，谨为去

从小斩断恶习，长大才有出息

"亲所爱，力为具"后面的一句是"亲所恶，谨为去"。这句话是什么意思呢？按照字面意思理解，就是父母讨厌的事情，作为孩子，要尽量不去做。

这样的话一说出来，我估计很多朋友会反感，别说你反感，我刚刚看《弟子规》的时候，也不接受，心想："难道非要一切以父母为中心？父母不喜欢吃辣的，孩子就一辈子不吃？父母不喜欢运动，孩子难道也不运动？"这样想了，就觉得这东西学不得，简直是培养孩子的奴性，抹杀孩子的独立性。

后来，仔细琢磨，我发现如果单纯按照字面意思理解也不对，这话里面有些含义，我们要仔细发掘一下。

那么，这话到底是什么意思呢？

还是分几层来了解吧。

首先，这句话和前面的"亲所好，力为具"一样，我们要看"亲所恶"是对父母自己还是对孩子，我理解的第一个层次，是对孩子的要求，并非父母自己的喜好。

父母是成年人，他们了解这个社会的价值体系、价值标准，合格的父母就是要把这些教给孩子。孩子是由着自己的天性发展的，在父母的指导下，他才能改正不利于自己成长的习惯，发展出好的品性。此时，"亲所恶"的内容，往往是违反社会规范的内容，是不利于孩子成长的内容。

比如，现在有平板电脑什么的，这东西被设计得非常简单，孩子一用就会，所以很小的孩子都会了。这样就糟糕了，有的孩子立即上瘾，玩起游戏来没完没了。这样下去孩子的眼睛就会受到严重的影响。这时候，家长是不希望孩子这样玩的，这就是"亲所恶"的情况。此时，要给孩子讲明白这个道理，让他尽量不去玩，"亲所恶，谨为去"就有些用处了。

又比如，有的孩子喜欢咬自己嘴唇的死皮，这样的习惯，家长一般会阻止。为什么呢？因为时间长了，会引起唇部发育畸形。这样的事情比比皆是。**父母社会阅历丰富，往往对未来的结果能做出一定的判断，可是孩子不会，所以，此时父母的**

指导非常重要。

除了这些生活习惯，还有一些品性需塑造。在我们小的时候，性格的塑造很大程度上也得益于父母的教育，父母希望我们有些美好的品性，比如善良、诚实、勇敢等，这些我们要学习；而一些不好的品性，比如懒惰、贪婪、自私等，这是要认真改正的。

很多恶习，如果从萌芽阶段斩断，则不至于日后成为大患。

老话儿说"三岁看老"，其实，**孩子小时候形成的品性，还真会影响他一生**。魏晋时期，有位著名的大学者，叫皇甫谧。他的老家在今甘肃省的灵台县，我去过那里，风景壮美。皇甫谧小时候被过继到他的叔叔家，因为叔叔家没有儿子。这皇甫谧可不是一个省油的灯，他淘气得难以想象，整天和村里的一些孩子玩打仗，用芦苇、树枝做成武器盾牌，排兵列阵，打来打去，挺大了，也不好好读书。这让家里人很发愁。

但是皇甫谧这孩子，心眼儿很好。有一次不知道他从谁家的地里摘了好些水果，用衣服装好抱了回来，想献给自己的婶子，也就是现在的养母。因为她养育了自己，他的心里还是很感激的。回到家里，他把这些水果放到了桌上，对养母说："这是我弄来孝敬您的。"

皇甫谧的养母一看，心里明白，这水果说不定是打谁家偷来的呢！自己家没有这东西啊！这孩子这样可就坏了，偷鸡摸狗，这以后还得了？于是，她把这些水果一下掀到了地上，痛批皇甫谧："你这么大的孩子了，要学习求上进，现在这样，有什么前途？"

总之，养母批评得很严厉，把皇甫谧吓坏了。他开始反思自己，觉得这样混下去，确实没有任何前途。于是，他开始认真学习，这就是"亲所恶，谨为去"。最终，皇甫谧成为一位大学者，在历史、文学等诸多方面都非常有造诣。当时大学者左思写了篇《三都赋》，无人看好，甚至还嘲笑他。于是他按照别人的指引请皇甫谧写了篇序，结果这篇文章立刻风行，传抄了很多，连纸张都不够了，这就是"洛阳纸贵"的来历。可见皇甫谧的影响之大。同时，皇甫谧又是中医针灸大师，他写的《针灸甲乙经》是奠定中医针灸学地位的巨著。

当然，"亲所恶，谨为去"也有对父母的要求，就是要把道理讲给孩子，否则强行让孩子执行，效果不一定好；如果把道理讲清楚了，孩子可能就愿意去做。

人生最骄傲的事，莫过于调理好父母的身体

长大了，我觉得"亲所恶，谨为去"的侧重点就要变化了。此时父母年老了，他们所讨厌的，我们确实要考虑是否要除去，比如说疾病。

前些天我回到老家。一天，我正在写东西，听到妈妈和妹

妹在谈论着什么,妹妹大声地说:"这样的事情,您怎么不问哥哥呢?"我又听见妈妈着急地说:"小点儿声,别打扰了他工作!"

我忙出来问是什么事情,妹妹说妈妈感觉自己气管不好,但是怕耽误我工作,不敢告诉我。

我一听就晕了,这是什么逻辑?我是学医的,妈妈有病居然不告诉我,怕耽误我工作?!我当时就有点儿着急了,说:"以后这样的事情必须告诉我啊,到底是什么病啊?"

妈妈说,她春天出去锻炼,和大家一起散步,发现自己不但喘得厉害,而且气管里面咝咝地响,像是哮鸣音一样,每天都是如此,已经很多天了。和院子里的其他退休医生讨论,大家认为她这可能是支气管出了问题,是慢性支气管炎。很多老人都是这样,估计很难根除了。所以母亲有点儿悲观。

于是我立刻给她查舌诊脉,然后,判断她这是由情绪引起的。一般肝气不舒的人会木火刑金,导致呼吸系统出问题。

我对母亲说:"这样的情况,一般疏肝理气,几天就可以痊愈。"母亲当时根本不相信,她说:"别逗了,这么严重的问题,你几天就能治好?别开玩笑了!"后来我和母亲打赌,一定能治好,于是给母亲开了方子,张仲景的柴胡加龙骨牡蛎汤,去掉铅丹,加上丹皮、栀子、郁金、远志等药,结果,只喝了一天,母亲锻炼身体回来,兴奋地说:"真的好了!那声音一点儿都没有了!"于是买第二服药用来巩固,第三服我让母亲用来泡脚了。那天，听见母亲用夸张的语气对小外甥女说："你舅舅真是太厉害了！姥姥的病用一服药就给治好了！"当时我心里也挺高兴的。

我曾经说过这样的话："我学习中医以来，最值得骄傲的事情就是调理母亲的身体。"母亲曾经患过慢性肾炎，当时西医认为最终一定会肾衰，也是我用中药调理，用了一年的时间彻底治愈的。**我感觉，老人就像陈旧的机器，需要不断检修，我们做儿女的，应该懂些医学知识，为父母检修，让他们运转得更好。**你做了就会知道，这是非常美好的事情，让父母重新回到健康状态，那种成就感，是这个世界上任何事情都无法比拟的。

待人接物，随时注意不要侵犯他人利益

以上讲的其实都和"亲所好，力为具"是一个意思，没有大的区别，那么这句"亲所恶，谨为去"还有什么更深的含义吗？

有的，我需要给大家展开来看。这句话，实际上是说要培养我们对周围环境的自我适应能力。

我们生活在这个世界上，是与其他人协调生活的，我们生活、工作时都与大家在一起，所以是社会动物。**我们与大家是否融洽，很大程度上决定了我们幸福感的高低。**

那么，为什么要协调呢？我举个例子。

我常常乘飞机，在飞机上可以见到各种不和谐的现象。比如，我们大家的习惯，都是安静地坐在座位上，看看书，听听音乐，或者小憩片刻。这些是大家所公认的行为规范，我们都这样生活，就不会影响到他人。但是，几乎每次乘飞机都会遇到这样的人，他们会脱下鞋子，把脚跷起来，有的在头等舱还会把脚顶到前面的座位后背上，而且不停地抖动。前面的人不停地厌恶地回头看，因为他明显地被座位震动影响了，可是，后面的人不以为然，依旧如此。一般情况，往往是前面的人要提醒："你能把脚放下去吗？"往往，这又是争执与打架的开始，因为后面的人就是认为这是正常的，没有任何不妥，这是他的自由。于是，争执开始了。

飞机起降的时候，按照规定，应该关闭手机等电子产品，因为现在的飞机都是自动导引，手机的信号会影响导引信号，导致飞机事故。曾经有飞机在降落时出现了明显的偏差，最后不得不用人工扶正。后来在机舱里寻找，发现有人用手机在通话。

所以，一般飞机起降前，空乘人员都会反复通知，让大家关闭手机。这是一般行为规范，对大家的安全有好处。可是，几乎每次飞行，我都会遇到不关机的人。当检查的空姐来了，他们把手机藏起来，等空姐一走，他们又拿了出来，玩游戏或者是拍照。有的是觉得自己公务特别忙，所以一直用电脑，等等。在别人蔑视、讨厌的目光中，他们依旧能坚持自己的恶行，觉得这是自己的自由。

这样的人，在我们的生活中比比皆是。比如开车到了收费站或者什么出口，大家排着长长的队，总会有新来的人不顾别人径直把车开到最前端加塞，完全无视后面人的感受，在别人的愤怒中我行我素。

这种以自我感受为先，不顾及他人的做法，应该是一种"人所恶"，大家都不喜欢。一方面，这种人缺乏感受别人思想、情绪的能力；另一方面，他们以自我为中心，不想去自我调整，来适应周围的群体。

我这么讲，不是让大家刻意讨好、逢迎周围的人，而是在大家认可的一般行为规范中要有所察觉，有所调整，照顾到周围的人，尤其不能随意冒犯他人。

这些似乎都是生活中的小事。但是，小事影响人的思维格局，大事最终也会做成这样，只不过不这么明显而已。

这些规范都是人所共知的，没有什么需要教育告知的，为什么这些人却缺乏体悟，缺乏自我调适呢？我觉得，很大程度上是因为他们没有养成习惯，或儿时的教养出了问题。

我一直在说，家庭是一个演练场，在家庭里面所学习培养的习惯，日后在社会中会同样适用。一个人与父母的关系，很大程度上影响着这个人日后在社会中与其他人的互动模式。

如果小时候在家庭里就学会体察父母的心态，对明显超越行为规范的、父母所讨厌的行为，能够及时体悟，随时改正，则日后在社会中也会如此。这样的人会与大家沟通顺畅，生活也少有阻力。"祥和"这个词，应该从此而来。

在这个世界上，每个国家、每个地区、每个群体，都有自己的人文环境，我们现在交往频繁，会不断遇到新的文化环境，此时，这种自我适应能力非常关键。

如果在你所处的文化氛围中，儿童在街上小便没有问题，可是，有可能到了一个新的文化氛围中，这样就做会引起争议，那么，就要提醒大家注意了。前段时间看到内地的一对父母在香港的行为引发了争议，很多有海外经历的人都认为孩子在公众场合暴露隐私部位是非常不合适的，甚至与性侵害有关。对于这点我们还真要注意了，我们的孩子从小穿开裆裤，基本每天都暴露，这就是文化的不同。现在社会越来越国际化，这样的事情尤其要引起重视。很多人不分场合喜欢大声聊天，我在有些地方听人聊天，声音之大如同吵架。可是在国外，这种情况会让大家困惑甚至反感。

其实，"亲"讲的并不仅仅是自己的亲人，四海之内，皆兄弟也。它提醒我们，每次待人接物都要随时适应，遵守公众的共同约定，不侵犯他人利益，尽量做到与大家和谐共处。而这一切都可能源于儿童时期的教育。

课后练习：

阅读本文后，你可以尝试和孩子做这样的沟通，以对本文内容进行实践：找时间给孩子详细讲解看电视、玩电脑时间长了对眼睛的伤害，与孩子约定好让孩子保证每天看电视、玩电脑的时间总共不能超过半小时。就是看他（她）能不能对家长反对或禁止的事主动放弃去做。如果孩子做到了，那么在这天的晚上就要及时表扬他（她），并鼓励他（她）坚持下去，让他（她）知道这样做是好的。

13

千万别以为健康是你一个人的事

身有伤，
贻亲忧

如果我们身体受伤，等于给父母平添了痛苦

"身有伤，贻亲忧。"这话的意思是：作为儿女，要注意自己的健康，尽量不要让自己生病受伤，否则父母一定会担忧。

此时，对于此话，我真是太有感受了，因为我前两天刚刚经历了这个过程。其实，《弟子规》里面讲的很多事情就在我们身边，就在我们的日常生活中。

"五一"的时候，我陪父母出去玩。第一天，我们去了一个公园。第二天下雨，不适合去室外，我就带着家人来到了一个大型购物广场。我们在里面转了半天，妹妹的女儿还做了手工，我也给母亲买了一件秋天穿的大衣，大家都很开心，于是我们准备吃饭。这时，我们看到了一个自助餐厅，里面人气爆满。大家都说很久没有吃自助餐了，我一听，立刻说那就吃吧！

其实我很反对吃自助餐，为什么呢？因为会导致脾胃失调。有朋友会问，这自助餐怎么会导致脾胃失调呢？大家可以想想，人们是抱着什么样的心态去吃自助餐的？估计基本上都是想吃"回本"，要把本钱吃回来。于是有人甚至饿两顿去吃，吃撑了再出来。所以人们夸张地说这是"扶着墙进去，扶着墙出来"，这样吃，脾胃是会出问题的。

当时因为这个自助餐厅里的人特别多，周围的几家餐厅都比较冷清，我们喜欢热闹，就选择了这家。

当然，吃的时候比较开心，食物种类很多，我不知不觉就吃多了。其实，**每个人都有欲望，关键是你要知道如何诱发欲望，如何控制欲望**。我一般拒绝自助餐，因为我知道自己也容易控制不住食欲，这次因为与家人在一起，很开心，结果就吃多了。回来后，我就开始难受，不知道什么食物出了问题，晚上开始腹泻，腹痛如同刀绞般难受，同时开始发烧，最高温度达到38℃。

虽然后来母亲也觉得这天晚上睡觉不踏实（这叫胃不和则卧不安），但是没有这么严重的反应。我确实病了，这种情况，我自己判断是因为感受寒湿而导致的胃肠型感冒，同时有些秽毒侵袭，所以给自己配了藿香正气水，兑入温水，半天喝了四瓶。同时服用了三九胃泰。三九胃泰有解毒祛湿的作用，同时可以行气止痛，因为此时寒热错杂，所以两者并用。

这时，我身体非常难受，几乎无法吃饭，一点儿力气都没有。母亲无比焦虑，她不断找各种方法帮助我，把一个腰部的加热理疗仪拿出来，接上电源，让我保持腹部温暖，又给我去熬山药粥，把被褥铺好让我休息。尽管我一再告诉她别忙了，但是，她还是忙来忙去。后来我躺在床上，看着母亲走来走去，看到她的脸上充满了焦虑，好像瞬间老了几岁，我心里真是后悔，自己怎么会控制不住乱吃呢？我是做医学工作的，自己应该最懂得这个道理，可是，一个细节出错，就让自己如此遭罪，也让母亲如此担心。

还好，因为及时用药，所以第二天起床后我的身体就基本恢复了，我发了个微博，希望把我的惨痛经历告诉大家，让大家别犯类似错误。

这件事，很快就过去了，但是这次给我的教训很深，那就是：**千万别以为健康是你自己的事，它关乎你的家人。**

我们的家庭，是一个整体。家庭成员之间互相关爱，营造了家庭的温暖气氛。尤其是父母，对孩子的关爱无微不至，他们都希望孩子能健康成长，不受到伤害。我不在家的时候，母亲每天早晨起来都要焚香，祈求菩萨保佑我和妹妹一切平安，这就是父母的心。

如果我们身体受伤，父母一定心急如焚，焦急万分，这就给他们平添了痛苦，这是我们强加给父母的，所以，我们不应该这样做。

一定要学会成为家人的健康保护神

那么，大家可能会问："人吃五谷杂粮，谁能不生病呢？"是的，我们都会生病，只是少生病才是硬道理。为了做到这一点，我们就要懂得健康知识，生活节制，进行预防。

我们学习健康知识，有三个好处。

第一，不会让自己患上疾病。我们东北人喜欢喝酒、吃肉，朋友聚会的时候，都是"拼酒"而不是"品酒"。我参加过几次同学聚会，基本上大家每次都是喝掉几箱啤酒。每次我都想："为什么要喝这么多呢？"但是，这就是东北人的风气，一旦喝开了，就觉得喝得越高越开心，大家的思想也越接近。这样喝下来，往往就喝高了。而且，大家喜欢吃肉，比如杀猪菜，有大块的肉，那是非常流行的。每次我看到这样的场景，都会想到梁山泊的好汉。长期这样下来，很多人才四十多岁身体就开始出现问题了。我每次回家都会被问到有关痛风、糖尿病等问题，血压高已经是很多人的常态了。

这就是不懂健康知识、不能控制自己的欲望导致的身体受伤。这种情况，其实身体是无辜的，疾病是我们自己造成的。

如此，老人怎能不担忧？

第二，我们会及时发现健康问题的端倪。

我们一旦让自己的身体患了疾病，因为没有健康知识，根本就没有察觉，最终错失治疗的良机，这也是很令人遗憾的事情。

我妹妹有天发了条微博，说她的大学同学突然去世了。我吓了一跳，忙问是谁，我妹妹回了私信，说是跟她同年级但不是一个班的，我一看名字不认识，就问怎么去世的，她说这个同学是个公司的老总，拍节目经常熬夜，忙得无法睡觉，最后去世了。这事让我很震惊，后来，我遇到了当年给他治过病的医生，他说这人是因脊髓方面的疾病去世的。他工作非常累，最后觉得四肢不会动弹了，才去医院，可能还没有完全确诊，人就走了。

那么，他自己的身体开始出现问题，能没有症状吗？不会的。但是因为责任心太强，他没有去治疗，结果疾病加重，最后不治而亡，非常可惜。

所以，我反对任何情况下为了工作而忽略健康。**健康永远是第一位的，有了健康才有事业。**很多人事到临头就是想不清楚，为了等客户，可以饿几个小时，把胃损伤，这是绝对错误的。

可是，这样的事情比比皆是，去年有个二十出头的电台女主持人感冒后还去健身，最后猝死；有个二十几岁的淘宝店主因劳累过度猝死；最令人心痛的是一个深圳的女白领，早晨猝死在地铁口，手里还拿着没有吃的早餐。白发人送黑发人，何等悲痛可想而知啊！如果能够早些知晓自己不健康的状态，能够提早预防，何至于此？归根结底，一些人还是觉得健康没有那么重要，工作赚钱第一，结果一旦悲剧酿成，全部归零，岂不可惜？

第三，就是当我们有点儿小问题的时候，可以自己出手去消灭它。因为，疾病还是小火苗的时候，是很容易处理的，可是如果变成熊熊大火就难了。**据卫计委统计，一般情况下，中国人70%的医疗费花在了生命的末期，这是非常可惜的。如果能把疾病消灭在萌芽阶段，则情况会好很多。**

我曾经去一个地方讲课，当地一家银行的行长说自己的父亲心脏不好，已经做过几次手术，现在已经没有地方做手术了。我后来见到老人，一看舌下，静脉又黑又粗，简直可怕。可是，这么严重的一个问题，其实起因可能非常简单，就是瘀血。如果他们有健康知识，在老人刚有瘀血的时候就用药处理，老人的心脏病就不会严重到这个地步。

生活中很多人其实都在错失良机。大家平时很少学习健康知识，等身体出现问题了就惊慌失措，到处求医，可是往往一时无法找到合适的医生。

我经常看到这样的家长，知识普及的文章、书籍他们根本不看，一旦孩子生病了，又到处求医。其实，文章中有很多治疗疾病的内容，只是他们不看。这次有人帮助你了，下次呢？

所以，做家长的一定要成为学习型家长，要让自己成为家人的保护神。

我有一些粉丝，自己学中医，真是收获很大。有位浙江金华的朋友，一开始身体不好，到处就医无效，于是就自己学习中医，最后把自己的身体调理好了。后来曾经给他看病的大夫患了肾炎，他又用我介绍过的一个方子，给大夫调理好了。这事儿连我都吃惊，其实，就是功夫不负有心人。

有的朋友学会了通过舌象对体质的区分方法后，自己有点儿小问题都会处理了，这是防患于未然的好事啊！

所以，我们要关注自己的身体，学习各种健康知识、各种保护健康的方法，什么太极拳、站桩、走步、推拿、拔罐、刮痧、艾灸，等等。还有营养学的知识、西医的知识等，大家都要学习。学习比不学强，就不会在疾病来临的时候求医无门。

只有这样做了，才不会让父母担心，不会"身有伤，贻亲忧"。

从我做起，大家一起学习健康知识，保持好的心态，加强锻炼，争取不让自己因为身体的健康问题令家人担忧。其实，这也是对自己最大的负责。

课后练习：

阅读本文后，可以尝试和孩子做这样的沟通，以对本文内容进行实践：首先对孩子进行安全教育，告诉孩子哪些事是危险的，不可以去做。可以告诉他（她）如果做了会发生哪些可怕的后果（还可以配合一些安全教育的图片或者视频进行讲解）。还要告诉他（她），如果他（她）生病或受伤了，不仅仅是他（她）身体会痛苦，爸爸妈妈和其他亲人都会非常心疼。甚至可以给他（她）讲一讲因为他（她）生病或受伤，家长还要耽误工作等一系列问题。这样的安全教育需要随时随地、长期、不断重复地进行。让孩子真正意识到他（她）的健康是关乎你们全家的大事。

14

为什么坏德行祸害的不仅仅是你自己

> 德有伤，
> 贻亲羞

你做的任何事，都会回馈到你和你家人的身上

"身有伤，贻亲忧。""德有伤，贻亲羞。"这两句本来是连着的，我给分开了。后一句话的意思是：如果孩子的德行出了问题，是会让家长蒙羞的。所以，我们每个人要注意自己的德行。

那么，这话有道理吗？很多人认为，古时候的这些话已经不适合今天使用了，那么这句话还适用吗？

我们来认真地谈谈这句话。

我先举个例子。曾经有朋友请我给一位老人分析病情。我见到这位老人的时候，发现她的身体问题很多，但是最主要的，是老人神情黯淡，有种神经质的敏感。一诊脉查舌，我觉得她身体的问题绝大多数是由不良情绪引起的，当时就开导了一下，让她去公园唱歌等，同时写下了调理的方法。

后来我无意间与朋友聊到这位老人，结果朋友的话让我大吃一惊，他说："你说她的情绪不好太对了，她的情绪没法好。"

我忙问为什么，朋友说，她的儿子刚刚进去，是个贪官。

这下我恍然大悟，明白为什么老人的情绪如此不好了。之前，我估计儿子做官一定是她作为母亲最自豪的事情了。可是，一旦儿子成为贪官入狱，无人不知，这肯定会令老人无法面对左邻右舍，无法抬头做人，情绪怎么会好呢？

我想，这就是典型的"德有伤，贻亲羞"吧？

这令我们警醒，千万不要让自己也陷入这种境地。

那么，什么是"德"呢？

我们通常会搞混几个字，比如，我们常说"道德"，认为这两个字是一个词、一个含义，其实，"道"和"德"还是有所区别的。

"道"是指什么呢？

古人说"一达谓之道路"，什么意思呢？就是直通的、没有分岔的路。后来，"道"的内涵有了提升，被用来描述"道理"，指内在的原理。

在"道德"中，"道"指的是我们这个世界运行的内在规律。如果用制造汽车来讲，这个"道"是指给工程师看的设计图，各种原理、线路。

"德"则是依据"道"而使人所拥有品质和修养，比如善良、诚信等。所以古人说这是"善美正大光明纯懿之称也"。它是"道"在人的品质上的一种体现，所以说"道"是内在本质，"德"是外在表现，合起来就是"道德"。

那么，再解释一个词，什么是"德行"呢？

古人说："德行，内外之称，在心为德，施之为行。"意思是，德是内心的品质，而有了这些品质，做出的行为就是"行"，所以"德"是在人内在的品质，"行"是外在的表现。

那么，道德的内容是否会随着时代的变迁和各个地域的不同而有所变化呢？

应该说是有些许变化的，比如过去男子有妻有妾，那是正常的，现在则是不道德的。但是，大多数的道德内容自古以来是一直保持不变的，这是人类的共同价值观。比如《周礼·地官》里面讲人们应该有的六德："知、仁、圣、义、中、和。"其中的"知"，应该是"智"，因为在那个时代这两个字往往通用，在帛书甲乙本的《道德经》里，就经常用"知"字代替"智"字。

大家可以看到，当时对人的品质的要求和今天相比并没有大的出入，这是人类通用的道德标准。

甚至，从某种角度上来说，**有道德是人类的特质，是人类的本能。人类有了道德，才能建立自己的文明。**

国外心理学家研究发现，道德中有的部分是随着孩子的成长自己形成的。比如，与孩子玩创新的游戏，小一点儿的孩子就不懂违反规则的不好，当实验者违反规则时，大一点儿的孩子则会反抗。他们心中本能地建立了规则，因此，有些学者认为人类会本能地建立某些道德规范。当然，后天习得的道德也有很多，两者是交互作用的。

人类社会的道德标准，其实是相对稳定的。

在一个家庭里，父母是培养我们成长的人，父母最希望看到的是什么呢？一定是我们健康成长，有好的德行，身心健康，能对社会有所贡献。这是天底下每个父母都希望的。可是，如果我们的德行出了问题，比如自私，言语粗鲁，甚至危害社会，为社会所不容，那么，除非父母本身是品性很差的人，正常的父母看到孩子不好的行为都会觉得是自己的教育出了问题，没有教育好孩子，会为此而感到羞愧。

除了上面这个原因之外，别人也会对父母进行羞辱。因为"道"的原则之一就是：这个世界是一个整体，你所做的一切，这个世界会以各种形式、在各个时间段回报给你。

比如你不断发出善的信息给大家，则大家也会不断回报给你，这样你就越来越幸福。

可是，如果你的道德出了问题，做了坏事，这个世界也会同样回报给你。而且，不但会回报给你，也会回报到你家人的身上，因为你们是一个家庭。

这样的例子比比皆是。昨天看家乡的报纸，前些天有个家喻户晓的男演员出了作风问题，那个女孩子也同时被曝光了，照片都被传到了网络上（我觉得这样做非常不好）。结果发现这个女孩子是沈阳人。此时，大家觉得就是这个女孩子自己的事情吗？大家可以想象一下，左邻右舍看到报纸，一下就知道这个女孩子是谁了，她的母亲压力有多大？昨天报纸报道，她的母亲对记者说，自己的压力非常大，本来自己就有一身的病，这个女孩子对母亲也非常好，赚钱了就寄回来给母亲治病，希望大家能原谅她。我看了报纸非常感慨，这个母亲所面对的羞辱是大家无法想象的，我也相信这个女孩子本质是好的，只是一时糊涂走上了错误的道路。但是，这件事对她母亲的伤害是巨大的，作为子女，我们要反思。

曝光照片的做法是非常不妥当的，但是，从另一个角度来讲，世上没有不透风的墙，你给这个社会的一切，最终都会回报你。此事，请勿怀疑。

过去很多人非常重视自己家族的声誉，如果出了不齿之事，令家族蒙了羞，此时家族的惩戒是比较严厉的。比如我曾经在讲朱丹溪的故事时，讲过义乌浦江那里有个郑氏家族，如果子孙做了贪官，那是永远不许入祠堂的，这样的惩戒，在当时是非常重的。

这就是"德有伤，贻亲羞"的含义，它要求**我们做事时，要考虑周到，要正直，要善良，不要触犯道德底线。**这样，才对得起父母的教育，让父母安心，让父母知道自己是一个符合社会公义的有用之人。

如果一个人在团队里肆意妄为，结果会让大家都蒙羞

那么，为什么古人要反复教育子女这样的内容呢？这里面还有什么深刻的内涵呢？

我总是说，家庭是孩子未来走向社会的演练场，你与父母的关系，将来就是你与社会其他人的关系。《弟子规》里面讲的就是一种孩子需要培养的与其他人沟通的态度。

比如，我们在一个集体里，大家是一个团队的，则我们每个人都要去维护团队的声誉，千万不能肆意妄为，让大家蒙羞。

给大家举个例子，比如一家牛奶厂生产的牛奶质量不错，销量也可以，本来这是一家非常好的企业。可是，下面一个部门的人为了降低成本，自己多捞点儿钱，于是就允许送奶的人往奶里面添加非法的化学成分，这样牛奶成本大大降低。结果，这样的事情一旦曝光，消费者会质疑整个企业，最终这个企业就会因此受到很大影响，甚至倒闭。大家想想，这个企业的其他人可能都是兢兢业业工作了一辈子，却要为此蒙羞，甚至失去工作。

这样的例子告诉我们：**我们是生活、工作在一个团队中**

的，我们的行为如果触犯了道德底线，最后会影响我们团队中的所有人。

这是广义上的"德有伤，贻亲羞"。

不要因为自己德行的问题，伤害到大家赖以生存的整体

现在我们经济条件好了，出国的人很多，但是，我们在国外的表现会影响世界其他国家的人民对我们国家的看法。

相对于外国人，我们中国人是一个大家庭，自己的德行欠缺，是会令我们国家蒙羞的。

《弟子规》其实教给大家的是一种生活态度。"德有伤，贻亲羞"这句话，是在告诉我们从小就要有一种意识，就是我们和家庭、生活的环境是一个整体，我们需要有这种整体的认知。为此，我们应该提升自己的境界，不要因为自己德行的问题，伤害到我们赖以生存的整体。

那么，如果我们"德无伤"，德行好，就可以让父母不蒙羞、让父母荣耀吗？其实，如果你做得好，确实是可以令父母感到自豪、感到开心的，这是古人所强调的"孝"的一部分内容。比如，范仲淹的儿子曾经用船载货物回苏州老家，路上遇到父亲的老同学，生活困顿。由于路途遥远，他来不及通报父亲，于是自作主张把货物和船卖了，周济父亲的同学。回家

后，把此事告诉了父亲。范仲淹立刻称赞了他，说这样做是对的。此时，范仲淹很为孩子的德行而开心。金元时期的名医朱丹溪，自己德行高尚，救人无数，在老母亲八十大寿的时候，附近自发前来拜寿的人多达上千人，虽然都是穷苦乡亲，但是这份荣耀，确实是千金难买的。我想，朱丹溪的母亲一定很为自己的儿子骄傲。这在古代就被称作"孝"。这种孝，就是"德"的内容。

而从"道"的角度来看，你恪守底线，彰显德行，则周围的人会受益，大家自然会回馈给你温暖，而你的生活就会更加幸福。如果每个人都这么做，那么世界也会更加美好。因为，这个世界是一个整体，你发出的一切信息，会影响整个世界，而这个世界也会把这些信息回报给你。

小词句有大文章。理解很重要，做起来更重要。各位家长，请你们从自己做起，然后再解释给孩子听吧。加油！

课后练习：

阅读本文后，你可以尝试从最简单的事开始对孩子进行品德培养，以对本文内容进行实践：比如要求孩子排队买东西、排队上车、主动给老幼病残孕乘客让座等。如果孩子能做到，就要及时表扬和鼓励他（她），让他（她）知道这样做是正确的。

15

能够"以德报德"的人，
路会走得更远

亲爱我，
孝何难

孝道还需要教吗

"亲爱我，孝何难。亲憎我，孝方贤。"这两句话有什么奥秘呢？

先来聊第一句："亲爱我，孝何难。"这句话大致的意思是：在父母爱护我的情况下，我们对父母孝顺，是很容易做的事情。

为什么会这样呢？因为人心都是肉长的，别人对我们如何，我们自己是很清楚的。这个世界上，最爱我们的人莫过于父母。他们养育我们，关爱我们。我们的每一点成长，他们都欢喜在心；我们受到的每一点伤害，他们都痛在心里。这些，我们都会感受到，因此，我们会自然地对父母好。这是人的本性，这是爱的循环，是自然之理。这个道理，也是我们人类社会的运行法则。

这句话看着似乎没有什么好解释的了，道理简单。但是，这里面却有着大问题，这句话告诉我们：父母对我们好，我们感受到父母的爱心，因此孝顺父母，是很容易做的事情。现在的问题是：如此容易的事情，我们做到了吗？

我看未必。

很多人认为，父母的爱，是不需要回报的，这是大自然的法则，长辈养育下一代，完成繁衍，子辈长大就好了，不需要回报长辈，一切顺其自然就好。

还有人认为，一切顺其自然，孝道是会自然产生的，不需要教育。

有些家长也是这么想的，我们为孩子付出，是不需要回报的，因此，没有必要讲"孝道"这两个字。

在这种思想的指导下，很多人认为没有必要进行"孝道"教育。在这样的情况下，"亲爱我"就开始有问题了，你越是爱孩子，孩子越认为一切都是应该的。现在的家庭基本上是四位老人，两个成人，一个孩子，如果大家都爱起来，时间长了，孩子就会觉得这个世界都是为他而存在的，别人给他的爱，是应该的，是必须的，是不需要回报的。

若孩子养成如此思维习惯，长大成人后会怎么样呢？他会依然觉得世界都是为他而存在的。可是，成人世界并不是他的小家庭，如果他存在这种想法，则会处处碰壁，最终成为孤家寡人，甚至自己的精神状态也可能出问题。

前些天我到长春出差，与当地的一家媒体的领导吃饭，他就感慨，现在的年轻人，太难管理了，虽然他们身上有一些好的品质，但是问题也非常多，稍有不开心，领导批评几句，即使批评得对，他们也觉得难以承受，有的孩子甚至会立刻辞职。他说："我是快五十的人了，跟他们谈话，还要小心翼翼地，生怕一不留神，谈崩了。"

那么，为什么会这样呢？因为孩子在家里一直以为世界都是为他准备、为他服务的，所以走向社会，会觉得难以适应。

我总是说：家庭是社会的演练场，你与父母的关系，决定了你在未来的社会里与其他人的关系。

古人总是试图建立一种"家庭"与"社会"的对应模式，认为在家庭里面做好了，自然可以培养良好的品性，将来必有用于社会，这就是经常提及的"修身""齐家""治国""平天下"的次第关系。

所以，我们讲到重点了，孝道培养的是什么呢？孝道培养的核心内容是"以德报德"，是别人向你发出善念，你也要回馈别人善念，在这个过程中，建立并完成"爱的循环"。

每一个孝顺的人，身上都有"神"的光彩

孝道的灵魂，是爱，是尊重。我特别讨厌有的人说提倡孝道是培养奴性，这是完全不能洞悉世事的人的说法。父母爱你，你爱父母、尊敬父母，如此简单，这是奴性吗？

如果一个孩子在父母爱他的同时，学习孝道的内容，被教育也要对父母好，尊敬父母，这是在教授孩子完成爱的循环，学会"以德报德"。这样的孩子会更加懂得感恩，而在未来的社会生活中，他也会自然而然地将这个道理用到与周围的人相处的过程中。这样感恩的人，别人对他好，他不会觉得这是应该的，而是会回馈给人家。这样，相互之间就有了善意的传递。这样的人会更加幸福。

各位仔细想想身边的人和事，就会明白其中的道理。

讲到这里，我想起一件开心的小事。2014年12月份的一天下午，我收到高圆圆的微信，告诉我她在北京登记结婚了，我心中无比高兴，真心祝福这个孝顺的姑娘。

我认识高圆圆几年了，觉得她是我认识的所有人中，最孝顺的，没有之一。

很多人对明星的看法是他们的生活是灯红酒绿，每天都在云端的。可能有人是这样，但高圆圆不是。她对自己的父母无比孝顺，其程度令我震惊。她的母亲身体欠佳，她侍奉母亲能做到事必躬亲，亲自熬粥煎药，用尽量多的时间陪母亲。她公

司的人私下里对我说，高圆圆为了能照顾母亲，推掉了很多电影的拍摄，只保持正常的工作量。有一次她对我说："影视圈比我用功的人有很多，我只是随缘而已。"很多人以为高圆圆在娱乐的时候，其实她在照顾家人长辈。她会认真关注她母亲的每个细节，侍奉母亲起居直到深夜，长年如此。

但是，她自己却觉得没有什么，这很正常，一点儿都没有觉得这件事得多么努力才能做到。

谈何容易！在家里老人生病的时候，我们能否做到这些？尤其是老人久病卧床的时候，我们能做到吗？老话说"久病床前无孝子"，我见过很多儿女在医院对父母不好的，令人心寒。

说实话，我经常用高圆圆来做榜样，来看自己对父母有没有做到孝顺，这是真的，我都觉得自己与她的差距很大。

我想，这是源自她的家教好，培养了她好的性格。而这样的人在工作中呢？自然也是与人为善。我接触到的她的同事对她的为人，无不是交口称赞的。都说她为人真好，甚至连公司的司机都私下跟我说："之前以为大明星不定有多大的架子呢，到这里开车才发现，圆圆对人特别好，特客气，特平和。"

我总是觉得这样的女孩子在现代社会真的不多了，真的是值得大家学习的。我认识一些明星，但是我对娱乐圈的事情，一般只字不提，这件事情我也从没有提过，但是今天想起来，觉得好的事情应该讲讲，也会令社会更加美好。这世界，阴暗之事太多，有瑰丽如山川彩虹者，应该以壮气象。

那天看一个选秀节目，主持人问嘉宾，你们心中的女神是谁，连着问了几位嘉宾，都说是高圆圆，因为她太美丽了。我当时心里想，美丽的人多了去了，美丽的人未必就是女神。如果你知道她对父母孝顺的事情，恐怕才真的会觉得她是女神吧！

　　其实，这样的人，在我们的生活中也有很多，我觉得，每一个平凡的孝顺的人，身上都有"神"的光彩。

　　我们把话题讲回来，孝顺这个事情，没人逼着你去做，其实是凭着内心的感情来做的。品德的教育，只是启发你内心的善良。**你孝顺的动力，来自你内心的爱。你的爱心生发了，自然会对父母孝顺。**

　　所以，"亲爱我，孝何难"讲的并不是如何让孩子听话，如何培养孩子的奴性，而是如何培养孩子懂得感受别人给予自己的爱，如何懂得感恩，如何以爱回报他人，这就是：以德报德。

　　这是一种"爱的循环"的培养。在家庭里培养好了，走向社会，自然会与人为善，懂得感恩。这样的人，自然人生幸福。

　　古人认为，这事不难做到，所以《弟子规》里说："亲爱我，孝何难。"但是，不要因为它听起来很简单就不去做，正因为它是我们生活中无处不在的道理，所以，大家觉得很容易，越容易轻视，而不去执行。而且，古人认为很简单的道理，恐怕是我们这个社会目前最缺乏的。

各位家长，需要对此有所认识啊！

课后练习：

阅读本文后，你可以尝试和孩子做这样的沟通，以对本文内容进行实践：找时间像讲故事一样给孩子讲讲你怀孕时你和爱人所遇到的困难和承受的痛苦，讲他（她）小时候你们照顾他（她）的事，还可以和孩子一起看分娩的视频，让孩子感受到父母的不易，让他（她）感受你们对他（她）的爱。这样既能增进你们与孩子之间的感情，也能激发孩子的孝心。只要孩子主动做出孝顺的事就要及时表扬，让他（她）知道自己在做一件非常好的事情。

16

尽量做一个"以德报怨"的人

> 亲憎我,
> 孝方贤

恨孩子,主要责任在父母身上

"亲憎我,孝方贤。"这句话是什么意思?从字面上看,就是如果父母恨孩子,讨厌孩子,而孩子还能对父母孝顺,这才是真的贤德。

我想,有的朋友看到这里一定会感到愤怒,怎么能这样呢?如果父母恨孩子,孩子凭什么还要爱他们?!难道不能反抗吗?如果此时还教育孩子去对父母好,这不是培养孩子要逆来顺受吗?不是培养孩子的奴性吗?

仔细想想,这还真是一个谜团。那么,古人为什么要这么思考呢?我们是否需要抽丝剥茧,像破案一样探讨一下古人的这句话里都有些什么样的奥秘呢?

首先,我们要来看看什么是"亲憎我"。在我们的生活中,哪些情况下父母会恨孩子?

这种事儿,谁也别推脱责任,首先肯定的是父母自己的修养出了问题。过去,这种情况最容易出现在重新组合的家庭里。由于是重新组合的家庭,于是就有了"后爸""后妈"的称呼。过去因为资源匮乏,吃饭都吃不上,此时修养不好的后爸后妈往往会对自己亲生的孩子好。好饭好菜给自己亲生的孩子吃,好衣服给亲生的孩子穿,对非亲生的孩子非常刻薄,会让孩子忍饥挨饿,甚至动辄打骂。

这种情况在资源贫乏、教育匮乏的时代经常出现。这是中国古代文学作品中常有的现象,现在也偶尔听说这样的事情。这些天我看新闻,就有几件这样的事情,孩子被后妈打得遍体鳞伤,看照片惨不忍睹。

这种情况,究其根源,是做父母的修养不够。修养没能克服动物的本能,这是需要我们提升社会文明水平才能消除的。

那么,这样的家庭多吗?答案是,在现代社会是不多的,可能上千个家庭里都出不了几个。你可以仔细想想,你的身边有几个这样的人?现在人的修养提高,很多重新组合的家庭不但不会虐待孩子,甚至还会更加关爱。我见过很多重新组合的家庭,孩子都受到了无微不至的关爱,甚至跟后妈后爸更亲的都有。所以,我觉得后爸后妈导致的问题是有的,但是绝对不是主流。

那么在现代社会,"亲憎我"多会出现在什么情况下呢?

其实,在我们的日常生活中,这种"亲憎我"更多的是小的冲突,比如,因父母与孩子的性格不同、父母之间的教育理念不同等导致的小冲突。

有的父母对孩子各个发育阶段的状态不够了解。有的阶段,孩子就是容易哭,这是孩子表达诉求的一种方式,甚至是身体失调的一种状态,但是有的家长不理解,就对孩子没完没了的哭表示厌烦。这个"憎"字,其实不仅仅是"恨"的含义,还有"讨厌、厌恶"的含义。

有文化传统导致的。比如有的婆婆喜欢男孩,认为可以给自己家传宗接代。结果媳妇生了女孩,婆婆整天给脸色,对孙女冷言冷语,这样的例子也不少。

有的孩子生性腼腆,但是家长偏偏希望孩子能够在众人面前展示自己,所以每当在这种场合,孩子感到难以适应的时候,性急的家长就会表示愤怒,责怪孩子:"怎么这么没出息?!"这种情况在过去有好几个孩子的家庭里面尤其如此,当其他孩子都在众人面前表现出色,只有一个孩子"丢人",令家长颜面无光的时候,家长往往会不喜欢这个孩子。

有的家长对孩子学习要求很高,但是孩子自己对学习没有那么大的兴趣,家长往往也会心生愤怒,甚至怨恨。我曾经见过有的家长为了让孩子学习钢琴,给孩子拼命施压,结果孩子心理崩溃，彻底不弹琴了，此时，家长更是恼羞成怒。

　　过去有些家长认为"棍棒底下出孝子"，所以在教育孩子的过程中，用打骂等方式解决问题。我小时候的家庭教育虽然不错，但是父亲也信奉这个理论，所以我经常被父亲痛打。我曾经因为骂了隔壁的小女孩而被告状，父亲听完，连反应的时间都没有，马上回身飞起一脚，把我直接踢飞，贴到门上。可是现在想想，这是在当时的条件下，他认为给我的最好的教育了，所以仍是父母恩情。现在我给父亲按摩，常一边敲打，一边逗他："小时候您打我，现在我开始报复了哦！"

　　总之，在这些情况下，绝对不是你死我活的矛盾，大多是家长对孩子不够理解，产生了矛盾。应该说，孩子毕竟是孩子，对很多事情还不够了解，此时家长需要调整自己。

　　所以，"亲憎我"是说父母出问题的情况多。很多人以为《弟子规》是讲让孩子绝对服从，讲家长是绝对正确的，这种想法是错的。《弟子规》里面也讲了很多家长犯错误的时候该怎么办的内容。就这句而言，《弟子规》也是认为家长是有很多改正的余地的。

面对负面刺激，我们很容易学会逆来顺受

　　父母讨厌孩子，孩子还要对他们孝顺，为什么呢？古人到底是怎么想的呢？

这里面，道理可深了。

前面的"亲爱我，孝何难"讲的是：当我们接受善意的时候，要学会体察到善意，并回馈善意。这是"以德报德"的良性互动，培养的是"爱的循环"的能力。

而这句"亲憎我，孝方贤"讲的是：当我们接收到不好的信息的时候，要主动终止这种循环，尽量淡化它带来的伤害，凭着心中的阳光，主动发出善的信息，来改善环境的互动，从而进入"爱的循环"的状态。所以这讲的是"以德报怨"的能力。

人生中，当我们遇到挫折的时候，往往会有三种反应的心理模式：

一种是默默忍受；

一种是自暴自弃、更加消极；

一种是跳离出来，然后改变局面。

第一种心理模式，最后很可能导向第二种心理模式，就是从默默忍受转为消极。通常情况下，这两种是大多数人的心理模式。

心理学家对此进行过一个非常有趣的研究。先对狗摇铃，同时对狗进行电击，令狗感到不适。这样反复进行，直到建立条件反射。

然后，把狗放入相互连通的箱子，狗在一个箱子里，但是跨一步就可以进入另一个箱子。在这个箱子里，心理学家摇铃的同时电击;在连通的另外一个箱子里,没有任何电击设备,摇铃也不电击。

那么,问题是:在摇铃的时候,狗会跨一步,进入另外一个箱子吗?

答案令人沮丧,狗居然习得性无助!它们认为自己就该这么倒霉,所以不做任何努力,哪怕仅仅是跨一步。它们压根儿就不想知道另外一个箱子怎么样!这个实验表明,动物对负面刺激的无助感是可以习得的。

我们在心里会发笑:"狗真的很笨啊!"

那么,人会比狗聪明吗?

这是个令人好奇的想法。心理学家接着用人来做实验,选择了两组人,让他们分别进入两个房间,两个房间都有很大的噪声,墙上都有一个按钮。按一个房间的按钮,噪声就停止了;另外一个房间的按钮按下去,"嘀嘀嘀"按了半天,没有任何用处,噪声依旧。

这样,反复建立条件反射之后,心理学家眼珠一转,想出了新的办法。他让两组人都来到两个新的房间,都同样有噪声,都有按钮,这次按下去,房间噪声都会停止。问题是:两组人都会按吗?

换句话说:我们比狗更聪明吗?

大家可能会觉得,那还用说?

其实,你太自信了,还真未必。实验表明,之前按了有效的那组，当然这次也按了。可是，之前按了无效的那组，这次居然什么都没做！

原来他们也习得性无助！也就是说，他们已经认同，我们就该这么倒霉，这是无法改变的事情，所以我努力改变也没有用，根本就不用尝试改变。

这就是大多数人的天性，我们谁都不用觉得自己聪明，其实，面对负面刺激，我们很容易无助，学会逆来顺受。这个不用培养，天性而已。

如此看来，我们人类不是完了吗？没希望了啊！

幸好，当面对负面刺激的时候，还有第三种选择，就是选择摆脱、突破、超越。这是我们需要培养的品性。

所以，有人说《弟子规》里面的"亲憎我，孝方贤"讲的是让孩子逆来顺受，我说这是因为他们不懂《弟子规》在讲什么。前面两种反应才是逆来顺受，而"亲憎我，孝方贤"讲的是第三种含义。

而这种能力只有很少的人天生具备，这样的人如果对此善加保护，最终一定会有大的成就。这种品性不是每个人都天生具有的，但是可以通过学习和培养而获得。

这种突破、超越的能力分为两种，这完全要看发出负面刺激的一方与自己是什么关系。

一种关系是：我们不是一个系统的，对方抱着恶意，是来掠夺、侵入与毁坏的，比如敌国的入侵。此时，这种突破和超越，是战胜对方，是全力抵抗。古代的"义""勇"培养的就是这种能力。

而这种情况多是在非常时期出现的，是在危及自己的生存的时候才出现的。可是我们大多数人，在大多数时间里遇到的却是另外的冲突，就是系统内的、在共同的生存过程中产生的协调性的冲突。

比如婆媳冲突、父母与孩子的冲突，大家是在一个系统里的，不是敌对的、侵略性的、危及生命的冲突，大家还是要在一个家庭里生活的。

这种时候面对负面刺激，不是战胜与消灭，而是尽量看淡它，然后秉持心中的阳光心态，发出善的信息，"以德报怨"，来改善互动，从而导入"爱的循环"。

前面这两种情况截然不同，完全是两个层面，很多人对此不了解，所以会不断用一个极端的例子，来对抗另一种建议。

比如，你说"以德报怨"，他会说，面对敌国的入侵，你还要"以德报怨"，发出善的信息吗？这就是把两个层面的事情搞混了。

这种在日常生活中"以德报怨"的能力是需要培养的，人们天生是容易"以怨报怨"的，或者干脆就是逆来顺受，这是心理学家测试过的。而很少有人天生具备这样的能力，如果禀赋良好，再加上后天的培养，具有这种能力的人最后往往会很有成就。

不管别人如何发出不良信息，
我们都要秉持内心的善良

有个特殊的现象是："在不好的家庭环境中成长的人"，除非他自暴自弃了，如果他有意识地去反弹，往往会获得更大的扭转能力，成为杰出人士。

我们讲这句话的时候，常用古代五帝之一的舜来作例子。

舜是父系氏族后期的部落首领。他出生不久，母亲就去世了，父亲娶了后妻，生了他们自己的孩子，于是大家合伙虐待舜。舜年轻的时候，德才兼备。当时的部落联盟首领尧把自己的两个女儿娥皇和女英都嫁给了舜。这让舜的父亲和后妈生的儿子象很嫉妒，他想霸占这两个嫂子。于是大家策划，让舜去修草房，当舜爬上了房顶，他们就在下面点火。据说，这些策划人里面有舜的父亲、后妈和象，这些人都声名狼藉。

话说着火后，舜居然有所准备，拿着两个斗笠，当作降落伞，从房子上面跳了下来，平安无事。

于是，大家再策划，让舜去修井，等舜下井了，他们就把井口堵上，可是舜还是有所准备，早就挖了暗道，从暗道里面逃出。

大家这样害自己，舜却依旧跟什么事儿都没有发生一样。文献中是这样说的："舜父瞽瞍顽，母嚚，弟象傲，皆欲杀舜。舜顺适不失子道，兄弟孝慈。欲杀，不可得；即求，尝在侧。"

这真不是一般人能做到的。话又说回来了，当然是一般人难以做到的啊，因为历史上，舜只有一个。

后来，舜声名远播，他到哪里，民风都跟着改变，据说他在历山附近耕地，当地农民都不再为争夺田地而斗了。这样，尧派人继续观察，觉得舜的德行确实好，最终决定把天下禅让给他。

这则故事，显示了舜博大的胸怀，这种胸怀不是一般人能理解的，是境界非常高的体现。我想，这应该是舜胸怀天下，志向高远，不把家庭的这些纠纷看成是对自己的伤害，而是以自己的德行尽量化解。这应该是古人"修身、齐家、治国、平天下"的典范吧！

另外一个故事是孔子的弟子闵子骞的故事，这就是古代著名的"单衣顺母"。讲的是闵子骞的母亲很早去世了，父亲再娶。这个后妈对闵子骞不好，冬天天气寒冷，她自己生的两个儿子全都穿的是棉衣，可是闵子骞穿的衣服里面却不是棉花，而是芦花，一点儿都不保暖。这件事谁都不知道。

有一天，闵子骞的父亲要出门，让闵子骞准备车马，可是他的手冻得握不住缰绳。他父亲很奇怪，就用手摸闵子骞的手，觉得冰冷，可是，看他穿的衣服很厚啊，再摸其他两个儿子的手，都很温暖，于是他父亲起了疑心，询问之下，发现真相，于是非常愤怒，要休掉这个后妻。可是，闵子骞却跪下来，流着眼泪劝阻父亲，他说："母亲在我们家里，只是我一个人寒冷，可是如果您休了她，那三个孩子就都会孤单，因为都没有母亲了！"（母在一子寒，母去三子单）。后母听了这个孩子的话，羞愧难当，于是痛改前非。后来有诗赞道："闵氏有贤郎，何曾怨晚娘？车前留母在，三子免风霜。"闵子骞由此被奉为历史上最为孝顺的二十四个典范人物之一。他自己也拜孔子为师，成为孔子著名的弟子之一，孔子对他的评价也是非常高的。

这些例子都是典型的将家里的负面刺激加以转化，变成善的信息。

这样的事情，人类社会都是一样的，外国也有。

我小的时候看过一部德国电影，叫《英俊少年》，讲的是少年海因切母亲去世了，因此他的外祖父很憎恨他的父亲和他。后来，海因切和父亲住进了身为富翁的外祖父家里，外祖父整天冷面相对。但是，海因切通过自己阳光的心态和美妙的歌声，唤起了外祖父心中的善良。最终，一家人重归于好。对这个电影，我印象特别深刻，应该说，少年海因切是我童年时的偶像之一，他唱的很多歌曲我都会唱，比如那首著名的《夏日的最后一朵玫瑰》。少年海因切早晨起来骑着自行车去买鲜花的情景，我记得特别清楚，我们小时候哪儿见过买鲜花的啊！这令我羡慕不已。现在想想，买束鲜花，这也是有阳光心态的一种表现吧！

很多人说，这样的心态扭转，哪里是孩子能做到的啊？

其实，只要培养孩子的阳光心态，告诉他坚持自己的内心，其实是可以做到的。

我妹妹罗玲的孩子现在只有六岁，却被罗玲培养得心态阳光，在很多时候，她都会自如应对负面能量的刺激。

比如，有的时候我母亲心情不好，老人在脸上、言语上会立刻显露出来，此时，小朋友往往会马上察觉到，然后认真地对姥姥说："姥姥，你现在开始有负能量了，要开心哦，要把爱的储油罐装满哦！"还会时常开解姥姥："天上飘来五个字：这都不算事！"看着她认真的态度，听着她稚嫩的声音，姥姥立刻会态度大转，笑脸盛开。

她现在经常在大人情绪不对的时候认真地提醒大人，而我们对孩子的话更会在意，会立刻纠正自己。这就是心态的扭转。

从这个孩子身上，我确实看到了培养的力量。如果家长有能力在这方面教育孩子，孩子是很容易学会这些内容的。这样，孩子就会在任何时候秉持自己内心的阳光心态去生活，而不受外界的影响。当受到外界的负面刺激的时候，孩子有能力去努力化解，同时发出善的信息。我相信，这会使她一生幸福的。

这种秉持自己的内心，不轻易改变的能力，就是孔子所讲的"以直报怨"。这个"直"，我没有理解为"公平"，而认为是秉持、方向不变的意思。**不管对方如何，我们还要秉持自己**

内心的原则去行事，这是一种能力。

那么，古人讲这些，仅仅是为了改变大人的心态吗？不是的。我一直这样讲，家庭是社会的演练场，你在家里与父母互动的模式，往往就是你在未来的社会中与其他人的互动模式。我们从家庭中学到的，往往决定了你在社会上的处事方式。

在社会中，如果别人向你发出善的信息，你要有能力感受，并回馈善的信息，这是"爱的循环"。但是，这个社会的个体，难道会一直向你发出善的信息吗？

实际情况是，没有人有义务必须向你发出善的信息，谁欠你的啊？在生活中，人与人之间的碰撞是很多的，所以，我们每天所见到的，往往是扑面而来的负面信息。

比如，上班发现客户充满了抱怨和指责，你业绩的提升引起了同事的嫉妒，等等。每天，我们会遇到无数的负面信息，可是，我们在一个体系之内，我们无法逃避，必须和他们共生，我们不是敌我矛盾。所以，此时你不能去摧毁，而是要维护这个体系的正常运行。

那么，该怎么办呢？绝大多数时候，我们选择了忍耐和逃避，可是，这绝对不是长久之计。人生还要有更高的智慧，这个智慧就是：别人发出不良信息，我们要秉持自己内心的善良，坚持发出善的信息，最终将互动引入"爱的循环"的轨道。这样的人生，才能越来越幸福。

很多人都会说，这很不容易啊！当然不容易了。可是无论多么不容易，这都是一个好的办法。

有的时候，在某个阶段，可以采用警示、惩戒等方法处理。但是，这些非常规手段的目的同样是将互动引入"爱的循环"的轨道。

我母亲年轻的时候从农村来到城市工作，当时单位里有个别的人会瞧不起她，所以处处刁难。母亲说那样的日子非常难过，但是，即使是对刁难自己的人，母亲的态度也非常好，有求必应。母亲手巧，会裁剪衣服，所以很多同事都求母亲来做衣服裤子，那些对母亲不好的人来求，母亲依旧帮忙，这样一点点感化，最后退休了，大家都相处得非常好。而母亲的一生也越来越幸福。单位里很多同事都说："连这样的人你都能感化过来，真了不起。"所以，母亲的朋友特别多，因为大家都看在眼里的。现在，母亲简直是整日呼朋唤友，其乐融融。邻居家、朋友家自己收获了新鲜蔬菜，整个夏天都会送来给母亲品尝，友谊之深，令人羡慕。

我在闲暇之余会看看电视剧，结局往往是反面角色彻底被摧毁，越强力摧毁越好。这在一定程度上满足了人们想要痛快报复的心理。可是，那天我看韩国电视剧《大长今》，却很震惊。剧中有个尚宫折磨长今那么久，那么冷酷，可是，到了最后一集，长今掌握了最有力的证据，她却依旧不断地反复劝告着对方："你反悔吧，现在还来得及！"我当时心中就想，这就是菩萨道吧！

我曾经见过一个大型国企的中层领导，下面的人想取代他，于是写信检举了他。可是他是毫无问题的，纪委查了很长时间都没有发现任何问题。这个时候，大家都猜出来是谁诬陷他了，都劝他"修理"一下那个人，可是他却没有这样，依旧教育、重用，最后那个诬陷他的人内心受不了了，向他坦白了一切，现在非常出色，而这个领导也很快被提拔到了企业的最高层。

我想，这种胸怀，其实每个人都是看在眼里的。

在职场中，我们每天都在接受负面信息的刺激，如果我们能够秉持内心的阳光心态，发出善的信息，扭转这种循环，将其导入"爱的循环"，那么，你就是在通过自己的工作，令世界变得更加美好。

我一直以为，工作只是一个平台，赚钱吃饭只是内容之一。如果通过工作，我们同时完成了改良社会的理想，这样的过程才是美好的。

其实，在生活中，憎恨很容易。但是，如果你憎恨，你眼中的世界就会是可恶的、阴暗的；如果你能心存善意，处处发出善意，而不介意别人如何，那么你眼中的世界一定是美好的，而且你的生活也会变得越来越美好。

所以，"亲爱我，孝何难"讲的是被动发出善的信息；而"亲憎我，孝方贤"讲的却是主动发出善的信息，扭转恶性循环，将其转入"爱的循环"的能力。

主动与被动，两者都需要，但是重要性却不一样。在我们的生活中，两种能力是都需要的，但是，我们每天用到的可能更多的是后者。

而这种发出善念的扭转能力却很可能来自你的家庭教育。

我们的家长朋友如果明白了这个道理，在让孩子背诵《弟子规》的时候，再给孩子讲讲其中的道理，相信一定会让孩子有所收获的！

课后练习：

阅读本文后，你可以尝试和孩子做这样的沟通，以对本文内容进行实践：找时间给孩子讲舜的故事和闵子骞"单衣顺母"的故事。让孩子认识到父母也有做错事的时候，但是只要（孩子）自己品德高尚，就会受到别人的尊敬，甚至还可能让父母意识到自己的错误并改正。

17

对一个孩子的承诺，特别要遵守

亲有过，谏使更

丧失什么也别丧失童心

"亲有过，谏使更。"这话的字面意思是：如果父母出现了过错，孩子要及时规劝，让父母改正。

估计很多人会觉得这话太空洞了："当然了，这是应该做的啊！"

还有人会表示困惑："为什么？古人讲究的是对父母绝对服从啊，不是有'父让子亡，子不敢不亡吗'？怎么还能与父母抗争呢？怎么古代还有这样的说法呢？"

那么，该怎样理解这句话呢？这里面有哪些内涵呢？

首先，给大家讲个小故事。

我们都知道，碳酸饮料对我们的身体不好，但是这个东西喝下去，会觉得很舒服，有种爽爽的感觉。所以，我有时候也会喝。

但是，现在我很少喝了。为什么呢？原因是有一次我开车回家的时候顺便买了两瓶汽水，然后，在吃过晚饭后，咕咚咕咚喝了起来。

令我没有想到的是，我妹妹的孩子看到了，于是她跑了过来，站到我的面前，认真地对我说："舅舅不爱健康，喝汽水，这是不对的！舅舅，为什么明知道是不对的，您还要喝呢？"

当时我就愣在了那里，要知道，小朋友的眼睛是那么晶莹透彻，她脸上认真的神情顿时令我觉得无地自容。

这就是孩子的力量，他们单纯，所说的话都是发自肺腑的，所以具有极大的穿透力。

当时我毫无还口之力，因为面对如此的真诚，所有的辩解都是苍白的，所以立刻承认错误："好的，舅舅错了，向你学习，以后舅舅不喝了！"

打那以后，我确实不喝了，如果不是喝白水，我会选择纯果汁饮料，但是不会再喝汽水了，我总觉得对一个孩子的承诺是要遵守的。

同样，我有一朋友，本来烟吸得非常厉害，后来突然戒了。这很不寻常，因为烟民要戒烟，简直太难了。那么，他为什么一下就能戒掉呢？原因是：他女儿有一次认真地和他谈了。三四岁的孩子极其认真地对他说不希望他吸烟了，他说这种期望的力量太大了，望着小女儿天真无邪的面庞，如果不去做，觉得自己太不像话了，于是立刻戒烟了。

现在，再来谈《弟子规》的这句话："亲有过，谏使更。"我们可以看出，中国古代并没有认为父母是永远正确的，孩子什么事情都要服从。

很多人认为，古代文化主流主要是教育人们服从封建统治，所以平时教育孩子都是培养他们的奴性，让他们绝对服从。这也是某些人反对儒学的原因，认为儒家在培养奴性。

其实，只要阅读一下儒家经典，你就会发现这是误解。比如，《孟子·梁惠王上》记载，孟子曾严肃地指着梁惠王的鼻子教育他："如果你的厨房有的是肥肉，你养的马也是胖胖的，可是，你的国土上的老百姓却在路旁饿死了，那么，你就是在带着野兽吃老百姓（率兽而食人）！"这几乎是痛骂了。在《孟子》中有很多这样的论述，但是国君却被教育得心服口服："我愿意接受你的教育（寡人愿安承教）。"大家从这里面看出什么奴性了吗？这分明是臣子抗争君王的风骨啊！

在家庭教育里，古人也没有那么迂腐地告诉我们，家长说的一切都是对的，孩子要绝对服从。

比如孔子就曾说："事父母几谏，见志不从，又敬不违，劳而不怨。"意思是说，对父母做错的地方，要委婉地提出建议，使其改正。

在《孝经》里也有这样的话："父有争子，则身不陷于不义。故当不义，则子不可以不争于父，臣不可以不争于君；故当不义，则争之。从父之令，又焉得为孝乎！"这里面的"争"通"诤"。全句的意思是，有这样正直的随时规劝父母改正错误的孩子，家长就不至于犯大的错误。如果孩子完全服从，对大人错误的行为也不劝阻，这哪里是孝呢？

儒家大师荀子的著作《荀子·子道》里面也有"父有争子，不行无礼"这样的话。

可见，在儒家大师的心中，如果父母犯了错误，是不需要孩子无条件地服从的，孩子应该据理力争，规劝父母改正错误。

孩子只有规劝父母改正了错误，这才是对父母真正的爱。所以《弟子规》里有这句话"亲有过，谏使更"。

我们现在明白了，儒家文化并没有要求我们绝对服从父母。相反，在父母有错误的时候，要明确地指出来，帮助他们改正。

养育孩子，是我们重新提升自己的机会

这句话，实际上传递了这样一个信息，那就是：**在教育孩子的过程中，并不是以家长为价值导向的，在正确的价值观面前，家长和孩子都是学习者、同修者，只有互相帮助，才能共**

同提升。

要知道，这个世界上并没有道德上的完人，我们都是普通人。我们的身上都有着向善等优点，但是，也有很多缺点，比如，偶尔起点儿贪念等。这是自然现象，**我们的人生也就是不断学习、培养善念，去除恶念的过程。**

而养育孩子则给了我们发现自己的问题、重新提升的机会。

我们千万不要小瞧孩子，孩子的心灵没有受到更多世俗的**污染**，他们保留了很多与生俱来的品质，比如：善恶观、公平观。

国外很多心理学研究机构对婴儿进行了大量的研究，主要是想知道人类在生下来的时候都遗传了哪些？这样的研究，主要集中在没有受到过教育或者受到很少教育的婴儿身上。

这种研究当然很困难，但是，已经有了大量的成果。这些成果证明了一个令人吃惊的事实，那就是：**很多品德类的基本要素，并非后天教育的，而是遗传而来的！**

这种研究的内容很丰富，比如，可以通过对"注视时间"的研究来收集信息：通过婴儿的眼球运动来探索婴儿的思想，婴儿注视某物的时间反映了婴儿的内心。

另外，还可以通过婴儿关于"伸手够物"的研究收集信息：通过婴儿自己的选择，来判断其心理活动。

让我们来看一些研究的案例吧！

有专家请 6～9 个月的婴儿观看动画片：主角要么帮助另外一个角色通过狭缝，要么阻止另一个角色通过狭缝。在观看影片的时候，研究者观察婴儿更喜欢看主角的哪种行为。

结果，婴儿更喜欢帮助者。这说明，婴儿 6～9 个月已经开始能够理解"帮助"。

另外一项研究中，专家设置玩具，让一个角色爬坡，另外一个角色推动他，还有一个角色在上面阻拦。

然后，将帮助者与阻拦者这两个角色的玩具形象放入盘子，让婴儿选择，6～10 个月的婴儿全部选帮助者。这个研究也说明了婴儿喜欢帮助行为。

那么，婴儿对破坏行为持什么态度呢？

研究人员设立中立者，就是不帮助也不破坏的角色，然后将帮助者和中立者同时放入盘子，发现婴儿会拿帮助者。

那么，如果将中立者和阻拦者放入盘子，婴儿会选谁呢？

答案是：婴儿选择了中立者。

这说明：婴儿喜欢"好心人"，讨厌"破坏者"。

后续实验发现，3 个月的婴儿已经出现了"负面偏好"（negativity bias）。

3 个月的婴儿还没有受到什么后天的教育，此时，他们的善恶观，现在学术界基本上认为是来自遗传。

这些实验也证明了孟子所讲的"恻隐之心，人皆有之"是对的。

国外此类研究非常多，结论都非常有价值。这些内容甚至有关医学，涉及了我们大脑的进化。

总之，孩子生下来是具有很多美好的品质的，他们更加纯净、直接，因此，我们大人在很多时候要向孩子学习。

像孩子一样纯净，我们就不会活得那么累

很多时候，当我们有了问题，会为了某种私心做各种掩饰，这从某种程度上来讲并非好事，而孩子则仿佛是天生为了揭穿它而存在的。

比如，年轻的母亲在娘家对自己的父母私下说公公婆婆的坏话，孩子听到了，记住了，结果，回到爷爷奶奶家，母亲又改口说公公婆婆好，此时孩子往往会直接捅破："妈妈，你刚刚不是说奶奶如何如何……"我的天啊，妈妈赶紧把宝贝的小嘴立刻捂上！

孩子的纯净，反衬出了我们人性的复杂，大家想想，这是不是孩子给我们上了一课？

还有，有的家长带着孩子坐公共汽车前会告诉孩子，上车的时候蹲下一点儿，这样就可以逃票了。结果上车后，孩子左思右想，觉得这是有问题的，于是自己掏钱，到售票员那里补了票。

这是不是孩子给家长上了一课？

在儒家经典《中庸》这本书里，把"诚"看作是"天之道"，就是放之四海而皆准的真理；把遵守"诚"看作是"人之道"，就是做人应该遵守的本分，正所谓"诚者，天之道也；诚之者，人之道也"。

而我们的孩子在这方面往往做得非常好，当孩子指出我们的问题的时候，我们家长要好好想想。

其实在很多方面，孩子往往都显示了更多的纯净与智慧。

所以，"亲有过，谏使更"这句话提示我们：在教育孩子的时候，家长千万不要有优越感。很多时候，我们做的真的未必赶得上孩子。**有时候，我们是施教者，但是更多的时候，我们和孩子是共修者，拥有正确的价值观，互相探讨，互相督促，共同进步而已。**

说到这里，大家可能明白了，《弟子规》告诉大家"亲有过，谏使更"，表面上是告诉孩子看到父母的问题要进行规劝，而实际上，我想孩子其实常常是不用劝的，因为他们遇到问题往往会直说，这是他们的天性。

而真正需要规劝的，往往是家长，面对孩子们提出的问题，自己是否会虚心改正？自己会不会找各种借口来为自己辩解，甚至告诉孩子要学会变得复杂？

课后练习：

阅读本文后，你可以尝试故意在孩子面前做一次错事，比如故意在家里到处乱扔垃圾，看孩子能不能当面指出你的错误。如果孩子能够做到，就要及时表扬他（她），告诉他（她）这样做非常对。长辈也会犯错误，这时候应该帮助长辈改正错误。如果孩子没敢指出你的错误，那么你可以和你的爱人与孩子一起做开批评会的游戏，让你的爱人当着孩子的面指出你的错误，并鼓励孩子发现长辈犯错误时，要直接告诉长辈做错了，并帮助其改正错误，这样做是正义的事。孩子内心会充满正义感和责任感。

18

有效沟通的大智慧

怡吾色，
柔吾声

不好好说话，再合理的事都不合理

我出生在东北，由于少年时期便出来求学，所以东北口音不重，但是乡音难改，走在北京的街上，还是经常有老大妈指着我说："你就是电视里面那位有东北口音的老师吧？"

东北口音有力道，干脆，比较形象，经常用象声词，比如把车"嗖"的一下开过去了，"biā jī"摔一个跟头，等等。但是东北人性格又直爽，有的时候力道大了，说话就有点儿像吵架了。比如在一个家庭里，往往会听到这样的对话："你到底在干啥哪？你搁那儿磨叽啥呢，能快点儿不？""你傻呀你，都这么咸了，你还往锅里搁盐干啥呀！"当然，东北人不全是这样的，但是我很多东北的朋友家里确实经常发生这样的对话，虽然这些家庭成员都是恩爱的。

后来我读博士，认识了一些台湾地区的同学，尤其是女同学，我觉得她们说话的态度让我耳目一新。我有个师妹和我做邻居，时有见面，她说话彬彬有礼，非常婉转。这样的说话方式，真的令人感觉如沐春风，也更容易接受。这令我开始思考各地的文化和语言沟通风格问题。

表面上东北人似乎对那种温柔的口音是抵触的，我一提此事他们就会说："那么腻，谁受得了啊！"可是，现实生活中，我却觉得恰恰相反，我知道的好几个东北小伙子都是娶了台湾太太。

我说了这么多，大家会奇怪，你东拉西扯了一通到底想说什么呢？

好吧，步入正题，我无意讨论东北汉子和台湾女子的性格问题，各地都有各种性格的人，我今天想聊的是《弟子规》里的这句话："怡吾色，柔吾声。"它的意思是：在父母有错误的时候，要给父母指出来，但是，在指出的时候，要用令人感觉愉悦的表情、温柔的声音语调来对父母讲话。

那么，为何《弟子规》里要求孩子批评父母的时候，要和颜悦色呢？这里面都有什么道理呢？

首先，我们要了解的是，这是对自己的生活圈子里的人说话，是在一个系统内的，是对我们的朋友的。否则，你和我抬杠，说对坏人也要这样说话吗？对不起，那不是我们今天讨论范围内的事情。

那么，为何要训练我们"怡吾色，柔吾声"呢？

这是一个"有效沟通"的训练。

话说人类在进化过程中，有一个奇怪的现象，就是在漫长的进化过程中，大脑容量并没有我们想象的那么大。学者们一直在研究近几万年里，我们到底哪些方面进化了。现在大家得到的结论是：除了大脑容量稍有增加，在这么漫长的时间里，我们更多的是与群体协调相关的方面在进化。这部分内容主要是在大脑皮层里面，它也是所有动物中最独特的，布满了褶皱，展开大约有半张报纸大，仅仅有2～3毫米厚，但是，这么大的皮层是我们人类的独家武器啊！

研究者发现，动物大脑的容量，与其能共同生活的、可以互相识别、互相交流的熟悉的群体数量相关，比如大猩猩的群体是20～30个，而人类是70～80个，这个数字是互相能熟悉记忆、能交流的群体（而不是像蝗虫那样的群体）。也就是说，生活中需要协调的群体中个体的数量越多，动物的大脑容量就越大，人类在这里面是佼佼者。

在群体生活中，每个个体都在调整自己，以便与群体和谐。如果调整不好，群体解散，个体难以对抗恶劣的自然环境，就很容易被淘汰，所以，我们进化出了好多的协调特性和品质。

比如，自私是动物的本能。但是，为了群体生活，我们进化出了互助的品性，我们会互相照看，互相警告。同时，我们会监督团队其他成员的错误行为，以维护群体的正常运行。我们同时也会维护自己的地位，以便在群体中不会被埋没。

这种维护自己的地位的行为，我们今天叫作维护自尊。这种维护自尊的品性，是在漫长的进化中遗传在我们的大脑中的。比如，任何一个没有经过教育的婴儿，我们如果对他做出厌恶的表情，他立刻会感受到，并且开始哭泣，哪怕他只有3个月大，还没有接受我们的教育，他都有感觉自尊被侵犯的本能。

各位记住了，这是本能，是遗传而来的，是进化给我们留下的神秘的礼物。

这种本能，在我们每个人身上都有。我们在办公室的时候，在人群中工作的时候，有一部分大脑皮质层会随时保持警觉，随时关注周围人对我们自己的态度。比如，如果办公室有个人用一种蔑视的眼神看了你几眼，你立刻就警觉起来："他什么意思，为何这么看我几眼？"这是人的本能。

而在这种情况下，如果你想指出一个人的问题，比如，办公室大家轮流打扫，你提醒轮到一位同事了，如果你用一种指责的、严厉的语气说："你自己该自觉一点儿啊，怎么这事都能忘记啊，轮到你了！"

大家猜猜，他心里首先出现的是什么样的想法吗？他的大脑的预警系统首先会立刻启动，马上进入一种对抗状态："他这是什么意思，他能这么对我说话吗？他瞧不起我吗？他想和我为敌吗？我在他心里位置这么低吗……"

此时，他马上想到的绝对不是你讲的是否合理，而是对你讲的事情，他怎么更强烈地回应你，更强烈地反抗你，更好地保护自己的尊严。

你所讲的事情，对不起，已经被抛在十万八千里之外了。而且，他为了维护自己的尊严，很有可能会故意不去做，从而证明自己不是那么好欺负的。

大家可能会想，你讲的这个太绝对了吧？

其实，这样的事情在我们身边每天都会发生。

前几天，我看见两辆汽车刮蹭，猛地停在路上，一个司机下来就说："你傻呀你，有你这么开车的吗……"结果，两人最后打了起来。

在挤地铁的时候有人踩了别人的鞋，那人一张口："眼睛长哪儿去了？！"然后大家吵了起来，一直到下车。

我印象特别深的一次，是我在读书的时候给自己开了一个中医方子。我开药的分量都比较小，一般都是3克、6克的，甚至有的药用1克。我记得当时拿着自己开的这个方子去了我家门口的一个药店，当时负责抓药的是一个40岁左右的中年妇女，我把方子给了她，她一看这1克、3克、6克的，估计心想麻烦死了，于是她当时就瞪着眼睛说了一句让我终生难忘的话："这是哪个浑蛋开的方子？分量这么小，让人怎么抓？！"

当时我还是一个学生，不善言辞，无力反驳她，只记得她把方子扔给我，告诉我抓不了，我就沮丧地拿着方子走了，但是肚子里这个气啊！说实话，直到今天我叙述这个事情的时候，我察觉到自己还是有些不快的。

这件事让我真的感觉"好言一句三冬暖，恶语伤人六月寒"。我觉得有时候一句恶语会令人一生无论何时想起来都会感到寒冷。这甚至影响了我后来的从医风格，我甚至会有意告诉大家，少量药也可以治病的，并非一定要一麻袋的药才能救人。

仔细想想，为何如此呢？就是那个药店店员恶劣的语气，令我感到自尊受到了伤害。后来我在脑子里设计了无数回应她的话语，但是每次设计，我发现，最后的结局都是要令她难堪，令她痛苦。

此事最终导致我再也没有去过这家药店买药。

这是我去买药想要的结果吗？

各位，不要小瞧这种遗传的维护自尊的力量哦，当我觉察到这种情绪，我都感慨它是如此顽固，几十年都过去了，它的力量依然存在。

其实，估计当时这个店员可能很辛苦，所以遇到这样的方子比较头痛，但是如果她用另外的方式表达，则结果会好很多。

语言，要像阳光、花朵、净水

那么，我们到底该怎么做，才能令对方更容易接受呢？

办法就是，不要让对方先引起维护自尊的警觉，不让这个系统启动,而是让对方将精力集中在探讨的问题上。

所以,此时严厉、指责的语气是基本不需要的,更多的时候,这么做甚至会起反作用。如果此时可以"怡吾色,柔吾声",和颜悦色地与对方沟通,则问题会解决得更好。

对于这点,传统文化是非常重视的,比如,佛教就特别重视言语的修为。

台湾地区著名的星云法师曾经说过:"多年以前,曾经在一篇文章里读到这么一句话:'**语言,要像阳光、花朵、净水。**'当时深深感到十分受用,于是谨记心田,时刻反省,随着年岁的增长,益发觉得其中意味深长……"所以,星云法师在生活中随时用温暖的话语鼓励各种人,令大家时时感到温暖。

在《无量寿经》里有这样一个词,叫"和颜爱语",它和"怡吾色,柔吾声"意思很接近,讲的就是面对众生,要用这样温暖的态度,这是一种慈悲。

日本著名禅师山田无文回顾一生的禅修经验,总结出的就是《无量寿经》里面的这四个字"和颜爱语",即要给人好的脸色,要对人说充满爱的话。在他眼里,这两件事非常重要,是"解脱烦恼的人生之道",是一种大的修行。

你如果能处处给予温暖,就是在修行,就是在布施。

其实,所谓修行,就是养成良好的、向善的习惯。这种事情说起来容易,做起来却是比较难的。所以,如果在孩子小时候,我们就告诉他这个道理,让他了解与人沟通的智慧,在别人提意见的时候能够保持平和的态度，这样的孩子，一生会少很多阻力，会更加幸福。

所以，《弟子规》里讲的其实都是一些生活的智慧、原理。仔细想想，道理很多。

最后，给大家讲一个佛家的小故事。有位著名的禅师，在年轻的时候学法，有一天参禅打坐，结果打瞌睡快睡着了。此时，他的师父正好路过，一下看到了这个情景，这位禅师当时想："师父会批评我参禅不认真吧？"结果，师父面容慈祥，对他轻轻地说了句："打扰了。"然后绕路走过。

这件小事令这位禅师温暖了一辈子，那种慈悲和关爱，令他一生受用。

那些柔软的话语，往往会更具力量，温暖我们一生。

课后练习：

阅读本文后，你可以尝试和孩子做这样的游戏，以对本文内容进行实践：让孩子选择他（她）喜欢你哪种说话的语气，然后分别用强硬的语气和温和、商量的语气给孩子同一个指令，比如让孩子把自己的玩具收起来。孩子肯定会选择后者。这时你要告诉他（她）："所有的人都喜欢别人和颜悦色地与自己说话。如果你态度蛮横，别人就会不喜欢你。所以，以后跟别人说话时一定要注意自己的语气。"当孩子与别人说话语气不够友好时，你应该及时指出他（她）的错误。

19

乐观是一种大本事

> 谏不入，
> 悦复谏

做再难的事，都要抱持愉悦的心情

一年秋天，我在萧萧落叶中来到北方的一座寺院，空山幽谷，感觉有些冷清。当时我接触佛教有一段时间了，觉得自己颇有心得。我知道众生苦难很多，要看到众生的苦难，并愿意为解除这种苦难而努力，为了做到这些，要放下自己的私心，这叫"慈悲、放下"。但是，说实话，当时我并不觉得怎么开心，自己虽然变得比之前豁达，但是仍然觉得众生的苦难无穷无尽，甚至有些悲观。

但是我一点儿都没有想到，这次寺庙之行会使我的想法有巨大改变。

在拜访住持的时候，我看到法师写的一幅书法作品，上面写着：大慈、大悲、大喜、大舍。我突然心念一闪。

后来我才知道，这是佛教非常重要的理论，叫"四无量心"。其中，除了慈悲、放下，还要求大家在修行的时候，抱着愉悦的态度，开心地去布施。

那么，为何佛教如此重视修行的时候要充满法喜之心呢？

我们暂时放下这个话题，先来聊聊《弟子规》中的这六个字："谏不入，悦复谏。"这句话的意思是：父母如果有做错的事情，要向父母指出，希望他们改正；如果他们不改正，要秉持积极的态度，再劝他们改正。

前面我们聊过为何一定要指出父母的错误，因为孩子和父母是同修者，要共同进步。今天讲的这句中，重点是这个"悦"字。

这句话实际上是在告诉孩子：**在遇到困难的时候，要抱着愉悦的心情，坚持下去。**

你想啊，父母犯了错误，孩子提出建议，劝他们改正，他们不改，这不就是让孩子受到了挫折吗？此时，《弟子规》告诉孩子，要愉快地坚持，继续劝，要"悦复谏"。

快乐做事才会很快成功

那么，《弟子规》为何强调这个"悦"字呢？

前面我们说过佛家，现在让我们再来看看儒家。孔子也特别重视快乐地学习，他说过这样一句名言："学而时习之，不亦说乎？"这里的"说"在古代和"悦"字通用。

孔子还说过这样的话："知之者不如好之者，好之者不如乐之者。"他把学习和工作分成三个境界，第一个境界是：学习就是学习，工作就是工作，完成任务就好了；第二个境界是：主动去热爱学习和工作，努力喜欢它们；第三个境界是"乐之"，这是和前面一个程序反着来的，此时，是学习和工作，为自己带来了巨大的快乐，这种境界是最高的。

这样看，孔子似乎也非常重视快乐地做事。他似乎不是我们心中想象的那种死板之人，而是一个比较崇尚快乐的人，而且还把这种快乐放到了最高境界的位置，这又是为什么呢？

国学是有大道理的。现代心理学家为我们提供了一些理解的佐证。

研究证明，快乐地工作，可以让我们获得更好的成绩。

国外一项研究测量了 272 名员工的初始情绪水平，然后跟踪 18 个月。在控制了一切无关因素后，结论是，那些一开始就快乐地工作的员工最后绩效更好。

而另一项研究测试了大学一年级新生的快乐水平，然后跟踪研究，一直跟踪了 19 年。研究发现，这些学生一年级时候的快乐水平与 19 年后的收入成正比，当年越快乐的人，收入越高。

国外的这种心理学研究时间一般会很长，有的甚至可以达到一个世纪。在一所大学里，会有很多学者和学生，阶梯式地研究下去。我曾经和加拿大一位心理学家交流，他手中现在的项目已经进行 20 年了，但是他说还不能公布结果，因为研究设定的期限还没有到。

另外，研究显示，快乐工作，会更少犯错。 一个课题研究者将医生分为三组：一组被诱发快乐情绪；一组是中性情绪；一组是控制组，什么都没有干预。

然后医生开始工作。结果，快乐组医生正确诊断速度比控制组快两倍，锚定情况少四分之一。什么是锚定现象呢？就是按照固有思维走下去，结果出现误诊的现象。比如，今天来了 10 个患者，前面几个都是由感冒引起的头痛，最后一个是由肝肾阴虚型的高血压引起的头痛，但是医生容易按照前面的惯例，将最后一个同样误诊为感冒，这就是锚定现象。而这个实验中，诱发医生快乐情绪的方法仅仅是送给医生一小包糖果，医生甚至都没有吃，但是在快乐的情绪中，诊断的正确率和速度都提高了。

另外一个课题中，被测试者被告知要做一个演讲，有人录像，有人评价。诱发其紧张的情绪，此时，他们血压上升，心跳加快。

然后将被测试者分成四组，两组看令人快乐的视频，一组看中性的视频，一组看令人悲伤的视频。

结果，看令人快乐的视频的那一组表现最为出色，这说明快乐的情绪抵消了紧张情绪。

此外，国外心理学家的研究显示，快乐使人更健康。

一个课题组找来了180位1917年前出生的巴黎圣母院修女，并将她们20岁的时候的日记标注情绪，然后进行统计分析。结果发现：20岁时的日记更多显示快乐情绪的修女，比不快乐者多活10年。85岁时25%的最快乐者90%在世，而25%的最不快乐者仅有34%在世。那么，为何要研究修女呢？因为她们吃同样的饭，住同样的房间，干同样的工作，研究者就是要看看，在各种情况都基本一致的前提下，到底是什么让人健康长寿。这是一个非常经典的研究，在很多心理学书籍中都曾被提及。

另外，研究显示，不快乐的员工平均每个月多请病假1.25天，这样累计起来，每年多请15天；给身体素质相当的人同样注射感冒病毒，一星期后的研究显示，快乐的人很少出现打喷嚏、咳嗽、发炎等感冒症状。这种研究成果与我们在临床中经常见到的肝气不舒的情况很类似，我基本上这样认为，孩子的外感多数是因为积食引起，而成年人的外感很多都是由肝气不舒、情绪不佳引致的。

中医认为肝主疏泄，可是如果我们情绪不佳，会导致气血郁滞，这就影响了肝的疏泄作用。这种情况叫肝气不舒。肝气不舒，是现代人身体出问题最主要的原因，每天都有很多朋友向我咨询身体问题，其中绝大多数的身体问题都是由情绪不佳引起的，只不过他们没有意识到而已。

我们调研过那么多的百岁老人，类似的长寿课题也有很多，研究发现，长寿的原因比较多，比如遗传基因、自然环境好，但是最重要的是乐观。

你一微笑，整个世界就变得美好。

那么，我们怎样才能变得快乐呢？其实，快乐和忧伤，往往是一念之差。

比如今天阴天，快乐的人一出门会想："真开心啊，今天不会被太阳晒到了，好凉快啊！"悲观的人会想："今天真倒霉，天气怎么又这么阴郁！"

到了晴天，快乐的人一出门往往想："真是好天气啊，阳光这么明媚！"悲观的人会想："真是倒霉，怎么这么晒啊！"

其实生活中的大多数事情并没有那么多的高低起伏，没有那么多区别。但是，在不同人的眼里，却是泾渭分明的。

这种现象，就叫"相由心生"。

"相由心生"的真正含义并不仅仅指我们的容貌是由心态决定的。佛教中的"相"，指的是你周围的世界的一切事物与现象。"相由心生"的真正含义，是你周围的世界怎样，由你的心决定。

这样想想，我们为何不开心地看待世间一切呢？

最后，给大家讲个佛教中的"拈花一笑"的故事。

大梵天王在灵鹫山上请佛祖释迦牟尼说法。大梵天王把金婆罗花献给佛祖，隆重行礼之后，大家在一旁敬候。佛祖拈起一朵金婆罗花，意态安详，却一言不发。大家都不解何意，面面相觑，唯有摩诃迦叶轻轻一笑。佛祖当即宣布："吾有正法眼藏，涅槃妙心，实相无相，微妙法门，不立文字，教外别传，嘱咐摩诃迦叶。"然后把平时所用的金缕袈裟和钵盂送给迦叶。这就是禅宗"拈花一笑"和"衣钵真传"的典故。中国禅宗把摩诃迦叶列为"西天第一代祖师"。

佛祖所传的其实是一种至为祥和、宁静、美妙的心法，纯净无染、淡然豁达、无欲无贪、无拘无束、泰然自得、超脱一切。

而迦叶慧根已具，瞬间领悟到了这佛法的微妙，故以微笑作为答案回应。

这个故事告诉我们很多奥秘，但是，我只感悟到了一点，与大家分享：你一微笑，整个世界就变得美好。

课后练习：

阅读本文后，当孩子做事遇到挫折想要放弃时，你要告诉他（她）：做任何事都不可能一帆风顺，都会有这样或那样的困难。但是，我们要往前看，如果我们不放弃，继续努力，想办法解决问题，就一定会成功。还可以给孩子讲孙中山革命的故事和爱迪生发明灯泡的故事，鼓励孩子遇到挫折不要放弃。让孩子想到美好的前景，这会让他（她）对成功有期望、有信心，更乐观地投入所进行的事情当中，就更容易成功。

20

站多高，才能看多远

> 善巧劝，终无怨

进步就是不断找到身边的榜样，然后克隆他

有天我听到一位企业家跟一个刚毕业的晚辈说自己的心得。他说："在你的人生中，一定要在不同的阶段找到自己身边的榜样，照着他的样子去做，这样就可以不断地成长，而且不会不切实际。"

我听了，深以为然。

我这个人资质平平，所以要不断有人推动。我的秘诀就是这位企业家讲的，不断找到身边的榜样（不是比尔·盖茨那么远的），然后效仿他。我在人生的每个阶段都是这样做的，使得自己可以有所改善提升。

记得当年大学毕业，我刚刚到工作岗位就发现我们单位有一位年轻的老总，非常有活力，很有修养，业务能力强，令人印象深刻，所以我决定把他作为榜样来学习。事实证明我还是很有眼力的，他后来一路成长为本系统最年轻的领导，而我也随之进步。他身上的素质，直到今天还影响着我。

现在回想起来，他最重要的一个优点就是能有效地沟通。他对人说话，总是充满活力，让人如沐春风，同时特别有启发性。一般他会从正面鼓励你的积极性，偶尔的批评也会让人特别服气，并且令人特别有震撼感。

直到现在我都这样认为，一个人拥有良好的语言风格和沟通能力，是他生活得更加顺畅、走向成功的重要条件。

一个不善沟通，言语间充满了各种负面情绪只会抬杠的人，相信生活中也会受到很多阻碍。

有效沟通的秘密：
尊重对方的观点、思想体系、人生规划

所以，今天聊的是《弟子规》里的这句"善巧劝，终无怨"。

各位可能会有个疑问，难道《弟子规》里面的每句话都是正确的吗？就没有不符合我们这个时代的吗？

比如这句原来是"号泣随，挞无怨"，现在我们改成了

"善巧劝，终无怨"。

"号泣随，挞无怨"的意思是：在父母有错误的时候，要指出来，如果父母不改，孩子要痛哭着劝，即使父母鞭打自己，也要坚持。

这句话是要改的，因为现在的教育方式改变了，古时父母在孩子不听话的时候是打孩子的，现在打孩子的不多了。

《弟子规》里面的"号泣随，挞无怨"这句话，只能说明一件事情，就是《弟子规》并没有培养孩子的奴性，而是告诉大家，在正确的道理面前，孩子和父母是站在同一条起跑线上的，对于父母做错的事情，孩子要不遗余力地帮助父母，不让父母犯错误。

《弟子规》在讲"孝"这部分里一共只有五十六句话，居然用八句话来讲孩子应该如何帮助父母改正错误，足足占了七分之一内容。

这是一个非常难得的角度，我们现代人通常都认为父母就是教育孩子的，孩子要听父母的，但是《弟子规》里却用很大的篇幅提出了孩子对父母的监督作用。

我真的认为那些说《弟子规》是在培养奴性的人可能连《弟子规》的第一段都没有读完过。

我们把这句改成"善巧劝，终无怨"，就更加契合现代生活了。

这句话的意思是：父母有了错误，孩子要提出，让父母改正。如果父母不改正，甚至抗拒，则孩子要从各种角度巧妙地劝父母，用父母能接受的方式请父母反省，并且没有怨言，直到父母改正。

这里面的"善巧"两个字改得非常好，这说明修改的作者是很有学问的。

"善巧"这两个字，在佛教里用得非常多，通常是和"方便"这个词连用的，叫"善巧方便"。什么是"善巧方便"呢？就是要根据众生各自的特点和喜好，采用他们愿意接受的方式，来向他们传播佛法。

而《弟子规》里面的"善巧劝"就是告诉我们，在劝父母的时候要讲究方法，用他们能接受的方式去劝说。

关于"善巧劝"，我先给大家讲个古代的故事。

话说春秋的时候，楚庄王有一匹名马，他对它非常喜爱，经常给马穿上绫罗绸缎，让它住在在华丽的宫殿里，睡在豪华的床上，甚至拿枣脯喂养它。这匹马因为生活条件过于优越，结果越来越肥胖，最后血脂高了，血压也高了，估计是心脏冠状动脉出了问题，终于有一天病死了。楚庄王非常伤心，跟死了亲人似的，命令大臣用棺椁装殓，按大夫的葬礼规格来安葬它。

庄王身边的大臣都觉得这样太过分，于是都来劝谏，说大王"你别这么做，太离谱儿了"。楚庄王大怒，下令说："葬马的事情谁都别劝我，再进谏的，立刻处死！"

优孟是当时著名的艺人（优就是艺人的意思），他听说了，心想这么劝楚庄王不行，要讲究方法。于是就走进宫殿大门，仰天大哭，一把鼻涕一把泪的，哭得很伤心。庄王很吃惊，问他为什么哭得这么厉害。优孟哭泣着回答说："宝马是大王的心爱之物，怎么能不厚葬呢？堂堂楚国，国富民强，有什么事办不到？可是我万万没有想到，大王你却只用大夫的葬礼规格安葬它，太薄待它了！"

楚庄王一听，很开心，也很好奇，心想大家都劝我别厚葬，这位却觉得规格太低了。于是问："那依你的看法呢？"

优孟说："我建议用君王的葬礼规格来安葬它。"

庄王一听，来劲了，忙问："那怎么办好呢？"

优孟回答："应该这样啊，用雕刻的美玉做棺材，用上等的梓木做外椁，拿樟木等贵重木材做装饰，派几千名士兵挖掘坟墓，再动员全国力量，让老人和孩子背土筑坟。然后，让各国的使节都来开开眼，让齐国和赵国的使节在前面陪祭，韩国和魏国的使节在后面护卫。安葬完毕之后，再为它建立祠庙，用猪、牛、羊各一千头的太牢礼来祭祀它，并且安排一个有一万户人家的城邑进行供奉。你要像对待先王，也就是你父亲的那种待遇来对待它。这才真正有面子啊！诸侯各国如果听说大王这样厚待马匹，肯定会印象深刻，都会知道大王把人看得很低贱，却把马看得很重。"

庄王一听完，脸上红一阵白一阵的，于是心里彻底明白了，说："哎呀！我怎么竟然错到这种地步了！你说，现在该怎么办呢？"

优孟说："这有什么难的呢，请让我用对待六畜的方式来埋葬它。用土灶做外椁，用铜锅做棺材，用姜和枣来调味，再加进兰草，用稻草做祭品，用火光做衣服，把它埋葬在人们的肠胃里，这就是它该有的待遇啊！"

于是庄王同意了，派人把马交给主管膳食的官员，炖了做菜，并且告诫大臣们："我这次丢人的事儿，千万别对外人讲！"

这个故事里，优孟就是使用了非常巧妙的沟通技巧，让楚庄王明白自己的错误的。

沟通、劝说的目的，就是促使对方行动，或使得对方理解你所传达的信息和情感。我们在生活、工作中，无时无刻不在进行着沟通，但是沟通的质量却大相径庭。有的人一与人沟通，就陷入抬杠的状态中，双方面红耳赤。可以想见，对方根本就不会听你的劝告。

那么，我们为什么会进入无效沟通的状态呢？

我总结一下，看看大家有没有能借鉴的地方。在任何一间办公室里或者任何一个家庭里，这些沟通方面的问题都有可能会出现。

第一，在对方抗拒的情况下，仍过于坦诚地直接指出对方的错误。坦诚地指出是最节省成本的做法，但是除非你和对方是关系非常好的朋友，对方在你的面前，没有维护自尊的过度防范，而且了解你是比较坦诚的人，对于自己的错误乐于接受。否则，每个人犯了错误都会感觉羞愧，如果直接指出，会让对方立刻进入防范状态，反而不会关注问题本身。

第二，自己有某种程度的"语言暴力"的情况。此时自己没有好好把握情绪，出现否定、嘲讽、说教以及随便打断、肆意评价等行为，这会让对方痛苦，更加抵触。

第三，选择的时机不对。每个人的情绪都有起伏波动，如果在对方的情绪处于低谷时去劝说对方，会令对方消耗更多的心理能量，从而产生抵触情绪。

第四，双方在价值观上有根本冲突。如果与对方的价值观不同，则看问题的角度就会出现差异，导致无法沟通。

那么，有效的沟通有哪些特点呢？

我认为沟通有三个境界，也就是三个层次，如果依次做到了，沟通会非常有效的。我相信，一般的"善巧"方法应该皆源出于此。

首先，尊重对方的观点。个体之间差异很大，每个人都有不一样的特点，所以要尊重对方的不同，这样才能沟通，而首先要做到的，就是要尊重对方的观点。我们来看看优孟是怎么做的，他先肯定楚庄王是爱马的，哭泣着来到宫殿里，说马应该被厚葬。本来大家都是反对的，楚庄王已经做好了心理准备，而优孟的做法恰恰和众人相反，这令楚庄王首先解除了心理防范。

更高一个层次，尊重对方的思想体系。每个人的社会地位不同，受到的教育不同，因此思想体系也不同。你要进一步认可对方的思想体系，才能进行下一步沟通，很多劝说无效，是因为思想体系不同。比如在学生多为基督教徒的课堂上，用充满佛教特点的语言来讲课，则后果可想而知。在劝说老百姓时，满口之乎者也，就一定是不合适的。在上面这个故事里，优孟对楚庄王说要用君主的规格来厚葬名马，就是尊重了楚庄王的思想体系，让楚庄王认识到自己的思想体系的不当之处。

最高层次，尊重对方的人生。每个人都有自己的人生规划，都渴望实现。而尊重对方的人生，再指出对方目前存在的偏差与这个美好的人生规划是否背离，有多少差距，则对方更容易接受。比如，优孟指出如果按照君王之葬礼规格厚葬马匹，会让各国认为楚庄王看重马匹，而轻视人才。这种评价是任何一个有抱负的国君都不希望听到的。所以楚庄王立刻看出了自己的问题对人生的影响，从而改进。

我觉得有效沟通和劝说都应以尊重为前提，在充分尊重的基础上，我们会想出各种"善巧方便"，而那些方法，都只是术而已。

用这种思路来劝父母效果很好。

有一次，我母亲看到报纸上一则保健品的广告，很动心。当时我妹妹发现了，于是告诉了我。我就对母亲说："三千元

以下的保健品，你随意买，自己决定就可以了，毕竟身体第一，快八十岁的人了，好的保健品是可以服用的。"（尊重对方的观点）

然后，我看了一下这则广告。半版的广告，写了很多内容，我发现居然在引用《黄帝内经》的时候，错写成了《皇帝内经》，这是任何一个研究中医的人都不可能出现的错误。考虑到母亲做过医生，所以我给母亲指出了这个错误，告诉她这不是搞学术的人做的事情。（尊重对方的思想体系）

接着，我又劝说母亲，你马上八十岁了，按照现在的身体状况，是奔百岁去的，如果吃了这些不是搞中医的人"研究"出来的中药，影响了气血运行，则可能耽误自己啊！这岂不是把百年之躯交付庸医？（尊重对方的人生）

结果，母亲立刻醒悟，打消了购买保健品的念头。

这个方法也适用于教育孩子。

我在读初二的时候，就把大学教材王力先生的《古代汉语》读完了。当时自己突发奇想，觉得不用学物理化学了，可以在家天天读古文，到了三十几岁，一定是这个领域的顶尖人才。所以我向父母和老师宣布，我要退学了。

当时家里人被吓坏了，这还了得？百般劝说无效，于是请来了父亲的一个学生——唐旭东大哥。他比我大好多，当时已经读大学了。

他见到我先说："这个想法好啊！"（尊重我的观点）

然后他说:"你这算什么啊,我比你更激进啊,年轻人就应该这样啊,就应该有自己的想法,我当年下乡的时候,学小提琴……"(尊重我的思想体系)

最后他又说:"但是,读书就像是在垒一座山,你能站多高,就能看多远,比如你读到高中,能看到方圆十里;读到大学,站得更高了,能看到方圆一百里;读到研究生,你能有千里目……对了,你想看到多远的世界呢?如果你现在只读一个学科,就像立竹竿,一直上去,就不是垒山了,你能站得稳吗?"(尊重我的人生)

我想了想他的话,觉得太有道理了,于是放弃了自己的念头,继续读书。他说的"站多高看多远"的理论,我在后来读博士的时候,有深切的感受。

后来,旭东兄在ESPRIT服装公司做老总,再后来听说离职潜心修佛了。我现在还常常想起此事,心中充满感激。

"善巧方便""善巧劝"都是将"善"放在前面。这个"善",就是爱心、尊重,有了这个"善"的心,后面自然会生出"巧"来。

这样的事情在生活中会随时发生,所以我坚信,尊重对方,是有效沟通的基础。无论在家里,还是在办公室里,都是如此。

课后练习

阅读本文后,你可以和孩子做这样的沟通,以对本文内容进行实践:告诉孩子,与别人说话要讲究方法,要尊重别人,不能随意命令别人,还要考虑别人的心情。当自己的目的达不到时,也不要埋怨或者愤愤不平。可以结合一些说话态度傲慢的人最终失败的故事,给孩子加深印象。

21

只有学会养生知识，关键时刻才能救家人

亲有疾，
药先尝

别把有病的身体全部交给医生

清朝的时候，按照规矩，御医每天都要进宫给皇帝诊脉调理身体，这个过程叫作请脉。在请脉的时候，皇帝伸出两手，当值的两位御医要一边一位，给皇帝号脉。诊好了后，两人要对调，再诊，然后退出，回到值事房，两人分别开出方子，然后对照，看看对皇帝的身体状况分析是否一样。如果一样，开出方子；如果不同，则需要引经据典进行讨论，取得一致意见后，开方子。然后他们去御药房取药，熬出三份（原来是四份，后来改成三份），当值太监先喝一份，当值御医再喝一份，看太

监和御医没有任何问题后，才给皇帝喝剩下的那一份。

为什么这么做呢？这是皇帝为自己的安危考虑，担心一旦这个药有什么问题，自己直接喝下去就糟糕了，于是让开方子的御医喝一份，这样就不会担心心怀叵测的御医下毒了。而太监喝是为皇帝试验药的安全性。

而且，在古代这么做，是有根据的，在《礼记·曲礼》里就记载了这样的规矩："君有疾，饮药，臣先尝之。亲有疾，饮药，子先尝之。"

所以，在清代的《弟子规》里面也这样说："亲有疾，药先尝。"

那么，为何要这么做呢？

首先，这么做是担心有人下毒暗杀君主，或者担心药物有什么毒性，他们先让大臣服药，认为君主的生命价值高于大臣，所以这样去做。很显然，这已经不符合现代人人平等的思想了。

但是，排除古代君主的这种担忧，对于亲人来讲，这里面有值得探讨的地方吗？亲人生病了，我们先替他们尝尝药，有必要吗？

替别人尝药，看看药物是否有效，这么做有用吗？

答案是：没有用的。因为药物只是针对某种病理状态而开的，用药物的偏性来纠正人体的偏性。

比如，开出滋阴的清凉之药，来调理一个阴虚之人，此人会常常觉得眼干口干，五心烦热，夜里盗汗。可是，如果试药的人是阳虚之人，感觉怕冷，冷风一吹就腹泻，浑身冰凉，喝了这个滋阴的药物，则会更加怕冷，很难受，他当然会认为这个药很糟糕。岂不知这个患者的身体，正在渴望这个药，他喝了这个滋阴的药物，会变得舒服！这样，试药岂不是提供了虚假信息？

这是中医的思路，如果违反，则会让人无所适从。

所以，如果亲人患病，自己想用先替亲人服用的方式来看看这个方子开得是否对症，是徒劳无益的。

那么，这种做法还有什么值得探讨的呢？

我觉得，学习古代文化，对于有的内容，要照着学习；对于有的内容，则要领会精神。

"亲有疾，药先尝"中的"尝"字，我觉得要理解成"了解"。

这句话包含着这样的意思：因为父母是我们最爱的人，他们为养育我们付出了很多心血。作为孩子，我们应该想到学习一些养生的知识，在父母身体出问题的时候，可以帮助他们。

很多人认为，身体出了问题，就是医生的事情。其实，自己才是家人的保护神。因为医生不能24小时陪着你，可是自己却能。自己对自己的身体最了解，如果掌握一些医学知识，可以提前预防，让自己少生病，也可以在医生治疗的同时辅助调理。

举个例子，我看过中央电视台的一个节目，讲一位妇女瘫痪成了植物人，没有一点儿知觉了。西医已经无能为力，中医只能针。她爱人每周几次请医生到家里来针灸。后来，他就想，这针灸自己能扎吗？于是就向医生学习，在自己的身体上练习，后来给妻子扎。有一天，外面打雷，他发现妻子的手指突然动了一下，于是他信心倍增，继续扎，终于让他的妻子逐渐恢复，不但苏醒，而且还可以活动。后来她的妻子可以外出打太极拳，最后居然成了奥运火炬手，还出国参加了比赛！

　　当时这个故事让我很赞叹，这是亲人爱的力量。如果请医生扎，一般的医生真的未必能达到此效果。所以我真的认为我们自己是家人的保护神。

不懂医学知识，可能伤害家人健康

　　可是，如果自己不懂点儿医学知识，则会适得其反。

　　曾经有位企业家向我咨询他父亲的身体问题。我一看他父亲的体检结果，是肾功能衰竭。可是，不知道为什么，体检单位居然没有向他们解释清楚，他还不知道自己的父亲患了肾功能衰竭。

　　我在了解情况时，发现他们家是很讲究保健的，常年买上好的人参服用。我觉得，这就是不了解医学知识的后果，本来是为了家人好，可是，在不了解体质的情况下服用，反而会适得其反。

　　我们每个人体质都有差异，比如阴虚、阳虚等，这是我们要了解的，并且我们不应该乱用中药补品。比如人参，有人吃了，浑身有力气；有人吃了，却会流鼻血。为什么呢？因为人参大补元气，气虚体质的人吃了就很合适。可是，阴虚内热的人或者身体有热邪之人吃了就会出问题的。而现在的慢性肾病，多数是湿热导致，因此吃人参就不合适。他们长期吃，我想反而对病情起到了相反的作用。

　　现在铁皮枫斗很流行，几乎被炒作成了仙药。可是，这种药物就是滋阴润燥，阴虚之人吃了确实可以改善体质。但是，如果阳虚之人服用，则会加重身体的不适感。自己仅仅有对家人的爱心，胡乱买药给家人吃，反倒会影响了家人的健康。

　　所以，了解健康知识，了解一些药物知识，是多么重要啊！

　　我曾经看到太多因为做子女的不懂医学知识，结果没有更好地保护家人的例子。我常常由衷感慨，普及医学知识是多么重要啊！

医生"尝药"是为患者负责

再给大家举个例子,我在学习中医的时候,每当身体有问题,总是自己要尝试一下药物,这样对药物会更有把握。我不建议普通百姓这么做,但是有的时候,医学工作者是有必要这么做的。

比如,我曾经研究将药物打成散服用的方法,古人在药物缺乏时期会把药物打成粉末,然后煮,这叫煮散,一般药物的用量和熬汤药相比会减少,节省药物。记得我有一次感冒,判断自己可以服用银翘解毒散,我就想试试煮散,于是就将一服药打成粉末,然后试验每次煮散的药量和熬汤药的量,两者对身体的反应有何不同。我还记得当时的体会,煮散的药物药量如果用多了,身体反应确实会比较大。

这样试验之后,我就会了解煮散和熬汤药的差别,药量应该如何变化,什么样的药物适合煮散,什么样的药物不适合,这样对药物会更有把握。

我知道,很多中医都会自己体会药物的不同特性,对药物的性味归经如数家珍。对于医学工作者来说,患者就是亲人。在自己生病的时候,可以借这个机会熟悉药物,以后可以更加有效地应用于患者,这是另一种"亲有疾,药先尝"。

总之,古人所讲之事未必都对,但是,我们可以领悟其中有启发的思想,为今天所用,这也不失为一种积极的态度。

课后练习

阅读本文后,你平时可以找机会多给孩子普及一些简单的医药和养生知识,让孩子积累相关知识。当你身体不适时,可以对孩子讲述你的症状,让孩子尝试提出他(她)的判断和建议。如果孩子的叙述和你想的一样,那么就及时表扬他(她),让他(她)知道自己也有能力照顾家人。

22

爱父母，
就要时刻关注他们的身体状态

> 昼夜侍，
> 不离床

时刻关注父母的身体
才能掌握重要的治疗信息和依据

昨天看到报纸上的一则新闻，说有一位90多岁的老太太自己居住，有一天自己去厨房做饭，不小心跌倒在地上，摔得很重，自己站不起来了，又没有力气喊出来，于是在地上躺着，不吃不喝，整整3天。这个时候，有几位经常接济老人的邻居发现老人3天没有出门了，于是大家一起商量，从窗户看一下老人。一看不得了，发现老人正躺在地上。大家请锁匠开门，送老人去了医院。所幸老人没有生命危险。

看了这个新闻，我心中很酸楚。这位老人的晚年真的比较凄凉啊！

在看报纸的时候，我就把新闻念了。母亲听到也很感慨，她说我们小区昨天有位老人和她聊天，这位老人的孩子在国外，她自己一人生活在这里，患糖尿病，每天要打3次胰岛素，买菜做饭，都是自己张罗。她对母亲说，自己有时候会出现低血糖（低血糖很危险的，甚至危及生命）。她感慨，不一定哪一天，自己悄悄地就走了。

我和母亲说，以后我们多照应她一下吧，也够可怜的。

为何讲这些内容呢？因为我下面要谈的是《弟子规》里的这句话："昼夜侍，不离床。"

生活中，我们最亲近的人就是父母了。《弟子规》里的这句话告诉我们的是：当父母的身体出了问题，做孩子的要尽力照顾，最好做到白天晚上都关注父母的身体状态，不能松懈。

疾病在一天里面，有着明显的发病规律

那么，为何要"昼夜侍"呢？

从医学的角度来讲，昼夜侍可以全方位地观察患者的情况，掌握疾病的规律。这门学问叫时间医学。

中医认为，白天和夜晚是阴阳交叠运行的，人体会随之调整。白天阳气运行，夜里阳气潜藏，阴气用事。所以《黄帝内

经》说:"夫百病者,多以旦慧、昼安、夕加、夜甚,何也?岐伯曰:'四时之气使然。'黄帝曰:'愿闻四时之气。'岐伯曰:'春生,夏长,秋收,冬藏,是气之常也,人亦应之。以一日分为四时,朝则为春,日中为夏,日入为秋,夜半为冬。朝则人气始生,病气衰,故旦慧;日中人气长,长则胜邪,故安;夕则人气始衰,邪气始生,故加;夜半人气入脏,邪气独居于身,故甚也。'"意思是说,清晨的时候,患者感觉很清爽,这是"旦慧";白天比较安稳,这是"昼安";等到了下午,夕阳西下了,患者往往开始病情加重,这是"夕加";到了夜里,病情一般会严重,这是"夜甚"。黄帝问岐伯:"为何会这样呢?"岐伯回答:"因为人是和大自然对应的啊!大自然有这样的变化,则人也会如此变化,人的正气在每天不同时间的变化,决定了邪气发作的强度,所以会如此变化啊!"

这个"旦慧、昼安、夕加、夜甚"讲的是疾病的一般规律,但是人体生病的变化还不仅仅如此。

中医还有另外的理论,比如子午流注学说。这个学说认为,经络之气的循行是有规律的,按照12个时辰,流注不同的经络,流注到哪个经络,这个经络就"当令",也就是说执行任务,甚至连穴位的开阖也有此规律。这个流注的过程是这样的:

寅时(3点至5点),肺经;

卯时(5点至7点),大肠经;

辰时（7点至9点），胃经；

巳时（9点至11点），脾经；

午时（11点至13点），心经；

未时（13点至15点），小肠经；

申时（15点至17点），膀胱经；

酉时（17点至19点），肾经；

戌时（19点至21点），心包经；

亥时（21点至23点），三焦经；

子时（23点至1点），胆经；

丑时（1点至3点），肝经。

根据这个规律，如果我们发现一个症状总是在同一个时间出现，则可以分析是否对应的经络有问题了。

比如，很多肾病患者问过我这样的问题，为何总是在下午5点到7点，腰酸的症状会变严重呢？

答案是很清楚的，这个时间段是肾经当令，肾经有问题的人在此时会更加难受。

再举个例子，曾经有位凤凰卫视的工作人员，问我为何她最近突然每天会在凌晨3点到5点之间醒来，我说："你最近的压力一定非常大，是吧？"她回答说："是的，可是这与早醒有何关系呢？"

因为，中医还有一套时间体系，这个体系里，早晨对应肝，中午对应心，下午对应肺，晚上对应肾，脾是每个时间都对应。这是另外一个时间体系，和前面的子午流注可以共同使用，当压力大的时候，肝火旺盛，容易早晨出问题，而且肝火会融化肺金，这叫木火刑金，意思是情绪系统的瘀滞会导致呼吸系统的病变。3点到5点肺经当令，所以这个时间段容易出问题。所以，两个时间诊断体系相交叉，可以共同诊断，这样异常早醒的人往往是压力大，导致肺经出了问题。

所以，我告诉她如何按摩肺经和肝经，结果，一周左右，她说症状就消失了，早晨可以睡个好觉了。

在中医里，这几种时间医学的体系是共同使用的。有的时候会叠加，有的时候会单独出现信息，每个信息都有效，我们要把这些信息综合考虑。

在中国古代，很多名家对时间医学都十分精通，比如清代著名的医生叶天士在给患者服用泻心火的药物时，往往让其中午服药，因为此时心经用事，经气最旺；而往往让患者在晚上服用补脾的药物，因为上午的辰时和巳时是脾胃经气最强的时候，而晚上则是脾胃经气最弱的时候，此时服用滋补该经的药物，效果更好。

现在，时间医学在国际上也蓬勃发展。西医也发现，人体的激素等水平并非是全天均匀分泌的，而是有着规律的。所以很多疾病在一天里有着明显的发病规律。比如心脏病患者的死亡时间往往在夜里，治疗哮喘的激素类药物往往在清晨使用效果更好，等等。目前，时间医学也出现了自己的亚分支，如时间生理学、时间病理学、时间治疗学、时间药理学、时间护理学等。

所以，如果我们掌握了这样的理论，一旦父母夜里身体出现不适，我们可以做个初步的分析，或者可以为医生提供详细的信息，没准儿就能发现导致疾病的元凶呢！要知道，根据时间医学的理论，可以更加准确地诊断病情。我每次询问患者的情况，都会努力收集有关发病的时间性的信息，比如，什么时间咳嗽得严重？什么时间发烧严重？

又比如，瘀血导致的疼痛就有这样的特点：白天轻或者白天根本就没事儿，可是到了晚上就严重了。根据这个特点，我们就可以判断是否有瘀血。还有，很多男士晚上躺在床上腰痛，白天却没什么反应，没有症状。这是肾虚吗？不是的，绝大多数是由瘀血导致的，活血化瘀，可以迅速见效。

可见，我们不能小瞧这个"昼夜侍，不离床"，如果我们能仔细观察，照顾父母，就可能找出更多的调理身体的信息和依据。它反映了我们做子女的爱自己的父母，要为父母解除病痛所做的努力。

父母生病了，很多人都不会照顾

同时，在照顾生病的父母时，如果能做到"昼夜侍，不离床"，也会减少父母的痛苦。

比如，有的老人生病后需要插鼻饲管，将食物直接打到胃里面，这样患者的口里就会非常干燥。此时，需要照顾的人细心观察，常常用棉签蘸淡盐水来擦拭。这是一份需要细心的工作，如果做了，对老人的身体非常好。

有的老人因为生病常年卧床，如果照顾不勤，没有常常为老人翻身，则老人会生褥疮。褥疮一旦出现，会比较难以治疗，而且患者会非常痛苦。我常常见到一些老人卧床很多年了，可是因为儿女照顾得及时周到，所以皮肤保持得非常好，这是多么令人赞叹的啊！

还有些小病，比如感冒，有时候老人白天什么事情都没有，可是到晚上就会发烧。此时，如果心不细，就不能发现老人在发烧。在医院，我见过有的子女能给我报出老人22点、24点、2点、4点……的不同体温。要知道，老人的体温在不同的时间段确实是有起伏的，这就为医生提供了分析病情的依据。这样的子女让我钦佩！

这里我讲的都是成年人如何照顾老人。那么，既然是给孩子讲的，为什么要写这么多关于大人的内容呢？记得有位名家讲过："在孩子这么小的年龄，任何说教式的理论教育效果都不佳，最佳的教育只有一条，就是家长去做，孩子看到，这种耳濡目染的教育，才是真正的教育。"

时间医学的内容都是方法，而支撑这些方法的是孩子对父母深深的爱。

课后练习

阅读本文后，你可以做这样的尝试，以对本文内容进行实践：当你不舒服的时候（当然，患传染病时除外）让孩子在能力范围内照顾你，比如给你拿毛巾、找药、倒水（不要让小孩子倒水，以免烫伤）等。如果孩子做到了，要及时表扬他（她），让他（她）知道这样做是非常好的。最初可以由你要求他（她）这么做，然后观察孩子能不能把这一行为转为自发行为。

23

有多少孝心，就有多少福报

> 丧三年，常悲咽，居处变，酒肉绝。
> 丧尽礼，祭尽诚，事死者，如事生
> （孝父母，百善先，仁之本，莫等闲）

对待逝去的老人，尽礼要像他们活着的时候一样

很快，《弟子规》"孝"的部分就要告一段落了，我们现在来聊最后几句："丧三年，常悲咽，居处变，酒肉绝。丧尽礼，祭尽诚，事死者，如事生。"这几句，现在给大家推行的版本，已修改成了"孝父母，百善先，仁之本，莫等闲"。此处修改得非常好，适应现代社会，让大家更容易接受。

那么，为何说更适应现代社会呢？为何古代的《弟子规》里面讲了这么多的父母去世时的礼节呢？

原来，古人的卫生条件不好，虽然有中医作为百姓的健康守护者,但是,那时候医生是非常少的,公共卫生条件也不好。根据文献记载,晚清的上海,垃圾都是堆在家门口的,污水横流,河道中的水也污浊不堪。所以,人们的健康问题很多,很多人还是孩子的时候,父母就生病去世了。

《弟子规》里面有这些话,很多现代人不理解给孩子讲这些有什么意义。然而,在那个年代,这其实是非常正常的事情。

我的老家在辽宁省的农村。在我父亲很小的时候,因为家里穷,我爷爷就从辽宁北上黑龙去打长工。结果没有赚到钱,就想回家。他一路乞讨回来,在路上又生了病,贫病交加,就在路边去世了。此时,因为我父亲只有几岁,所以他对我爷爷的印象并不深。我奶奶是位很了不起的女人。她痛定思痛,认为家里如此凄惨,就是因为没有人读书,所以毅然卖掉房子,搬到已经出嫁的姑姑家里借住,然后用卖房子的钱供我父亲读私塾。我父亲从此走上读书的道路,后来考入辽宁大学中文系,毕业后开始教书,成为大学教授,为辽沈地区培养了无数人才。

所以到现在,我父亲一提到奶奶,仍然会流泪。逢年过节,他都会纪念逝去的老人。为什么呢?因为我们现在的一切,都是逝去的长辈们努力帮我们得来的,如果没有他们的努力,我们的命运,不会如此。

《弟子规》告诉我们,对逝去的长辈,要"丧尽礼,祭尽诚，事死者，如事生"。意思是丧事要按照礼节来办；祭祀，要用最真诚的心来做，不能敷衍。对待逝去的老人，尽礼时要像他们活着的时候一样。

这些都是在告诉我们，保持内心的尊敬，感恩先人为后代的生活所做的努力。这种感情，我在家里拜祭逝去的老人的时候，能够明显感觉到。

保有对亲人的感恩，莫等闲

那么，为何要"丧三年，常悲咽，居处变，酒肉绝"呢？

这里面有一个典故。孔子的弟子宰予问孔子："父母去世了，一定要守孝三年吗？"

于是孔子反问了他一个问题："父母去世了，你认为过了一年就去吃美食，听歌跳舞，穿华丽的衣服，会觉得心安吗？"

宰予说："安啊！"

孔子说："你心安，就照你的想法去做吧！一个君子，父母去世后，内心悲伤，思念不已，吃饭都没有味道，听到音乐也不快乐，睡觉都睡不好，所以三年之中，没有礼乐。我现在问你一年能不能心安，你说能心安，那你去做好了，不必非得三年。"

后来，孔子告诉其他弟子："小孩子三岁才能离开父母的怀抱（子生三年，然后免于父母之怀），所以三年之丧，就是对父母哺育我们的恩情的回报。天下人皆应如此。"

可见，孔子提倡的守丧三年，是从一个人对父母的情感出发的，而后世将之误传为古板的制度，要求放下工作，守丧三年，这确实不适合时代的发展。

今天，我们认为，只要心中保有对父母的爱，保有对亲人的感恩，就已经可以了，不必强迫非得执行古人讲的所有内容。

实际上，在中国古代，也有其他对待亲人去世的态度。比如庄子，他的妻子去世了，朋友来看望他，发现他正在鼓盆而歌。朋友很困惑，问他不悲哀吗。庄子回答说："人本来就是来自大自然的，现在又回到大自然了，有什么可悲哀的呢？"

这种豁达的态度，也是对待死亡的一种智慧。南美洲有些国家，亲人死亡，人们会觉得是去另外一个地方了，要快乐送行，所以会在海边载歌载舞。这也是一种生命观。

所以，我并没有讲，《弟子规》里面所有的内容都适合现代社会。有些内容，我们理解其中的道理就可以了，掌握精髓，在今天的社会里灵活应用，这才是古为今用最好的态度。

这样看，现在我们对《弟子规》的修改，就是非常有意义的。

唯有善，让我们一天天强大

我们为何说孝顺是百善之首，是仁之根本呢？

这里面，有什么秘密呢？

其实，这也是我为何要先出版这本书的原因。

《弟子规》的第一部分，讲的是"孝"，那么，为什么"孝"如此重要呢？我为何要将"孝"拿出来，单独写成一本书呢？

因为，孝是一切美好品性的根基。

这个世界上，父母给孩子的爱，是最伟大、最无私的。这份爱，非常纯净，不求回报；这份爱令我们从一个呱呱坠地的婴儿，成长为一个有用之才。那么，什么是"孝"呢？就是我们感受到这份爱，并用爱的形式反馈给父母，告诉他们，我们感受到这份爱了。

父母是不求回报的，但是，我们仍然要将温暖回馈给他们。

这是一个"爱的循环"的过程。我在本书中，一再强调这种"爱的循环"，因为有了相互的关爱，我们人类才能走到一起，这是一种伟大的力量。

那么，为何"孝"如此重要呢？因为这是爱的循环的基础。试想，如果连父母之爱这种伟大的爱你都没有感受到，都没有任何回馈，那么，与他人的爱的循环，能建立吗？

所以，感受并回馈父母之爱，是爱的循环的基础。

一个对父母充满爱心的人，对同事不会糟糕到哪里去。

同样，一个对父母不孝、对父母冷漠对待的人，对其他人也很难会温暖。

所以，对"孝"的习惯的培养，是启动一个人善良之心的第一步。

现在，社会上这样实践的单位越来越多。有些企业，本来人际冲突非常多，但是在学习了《弟子规》之后，尤其是践行了其中的孝道之后，人们开始越来越善良，开始互相帮助、互相关爱，甚至使得整个企业文化得以改善，企业蒸蒸日上。

前些天，我到广东的博罗县参观，发现他们在全县推广国学。很多人认为国学无用，可是我在他们那里看到了一个全新的面貌：年轻人不再无所事事，而是学习艾灸等技术，作为义工，帮助老人维护健康。在监狱里，服刑人员在学习《弟子规》"孝道"之后，都追悔莫及。曾经有参观者在看到一千多位服刑人员一起流着眼泪唱《妈妈，我错了》这首歌的时候感到震惊。监狱管理部门发现，原来很多顽固的、难以教育的服刑人员，都发生了巨大的转变；有的服刑人员出狱后，甚至成为了志愿者，为社会行善。

我们每个人心中都有善念。国外的研究表明，这是人类进化的结果，为的是让人类能够和谐相处，结成团体，对抗自然界的恶劣环境。科研人员在对没有接受过教育的婴儿进行研究后发现，婴儿的头脑中，天生就遗传有关爱、忠诚、公平等道德要素。

而我们后天的教育，就是启发这些道德要素，让它们萌芽、壮大，最终，让我们每个个体能够更好地融入团体、融入社会。

国学就是这样一套培育体系，它启发我们的善念，令我们感受各种温暖，然后回馈。我通篇讲的，就是这样一个道理。

课后练习

阅读本文后，你平时应该多对孩子进行"孝道"教育。比如当老人和孩子都在家时，你切好水果，一定要先给老人吃，并且告诉孩子要尊敬老人、孝顺老人。耳濡目染，孩子慢慢就能学会这样做了。当孩子学会把好吃的东西让给你或其他长辈吃的时候，你一定要及时夸奖他（她），让他（她）知道自己这样做是对的，并把这个习惯坚持下去。

后记

人生遇到困难时，看看《弟子规说什么》

严格地说，这本书，不是给孩子看的，而是给家长看的。如果家长懂得了其中的原理，演示给孩子，则孩子在背诵《弟子规》的同时，就可以做到知行合一，可以不断实践，使之成为习惯。那么这样的孩子，未来会无比幸福。

我们一生中会遇到很多意想不到的事情，如果儿时我们没有养成好的思维习惯，长大后即使学习了道理，心里还是会犹豫，需要掂量思考，然后才能做出正确的选择（也有很多人还是做出了错误的选择）。但是，如果我们儿时受过训练，养成了好的思维习惯，那么长大后，遇到问题时，就能立刻本能地做出善的反应。这种状态，叫先天自然。这种自然而然的善的反应，最为难得，它不需要任何纠结，不消耗任何心理能量。因而，这样的人，更加幸福。

为了下一代的幸福，让我们加油吧！

感谢

在喜马拉雅 FM 及

罗博士微信公众号

热情留言并参与互动的朋友们

图书在版编目（CIP）数据

弟子规说什么 / 罗大伦著. —— 北京：北京联合出版公司，2019.8
ISBN 978-7-5596-3497-9

Ⅰ.①弟… Ⅱ.①罗… Ⅲ.①古汉语-启蒙读物②人生哲学-通俗读物 Ⅳ.①H194.1②B821-49

中国版本图书馆CIP数据核字(2019)第156664号

弟子规说什么

项目策划　紫图图书 ZITO®
监　　制　黄　利　万　夏

著　者　罗大伦
责任编辑　宋延涛
特约编辑　马　松　车　璐　张美可
装帧设计　紫图装帧

北京联合出版公司出版
（北京市西城区德外大街83号楼9层　100088）
天津联城印刷有限公司印刷　新华书店经销
140千字　880毫米×1230毫米　1/32　8.25印张
2019年8月第1版　2019年8月第1次印刷
ISBN 978-7-5596-3497-9
定价：59.90元

未经许可，不得以任何方式复制或抄袭本书部分或全部内容
版权所有，侵权必究
本书若有质量问题，请与本公司图书销售中心联系调换
纠错热线：010-64360026-103

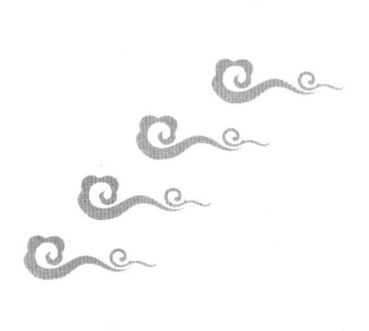